LA GIFLE

Sabrina R.

Avec la collaboration d'Emmanuelle Walter

DANGER PUBLIC

Collection : Témoignage
Directeur de collection : Philippe Moreau
Éditeur assistant : Arnaud Gonzague
Maquettiste : Anne Sorin
Correctrice : Yvette Chevrolet
Photographies de Sabrina et design de la couverture : Eddy Brière
www.eddy-briere.com

La Martinière Groupe
96, boulevard du Montparnasse
75014 Paris
Téléphone : 01 53 63 88 11
dangerpublic@lamartiniere.fr
www.dangerpublic.net

Retrouvez nos vidéos sur :
www.dailymotion.com/editionsdangerpublic

ISBN : 978-2-35123-201-9

Droits étrangers / Subsidiary rights :
Pour toute demande de traduction, ou pour télécharger nos catalogues en langues étrangères, merci de vous connecter sur notre site Internet :

www.dangerpublic.net/index.php?Subsidiary-rights

À mes deux enfants, Seyed et Sophian,
À ma sœur Shérazade,
À ma sœur Yasmina, disparue depuis 1988,
À sa fille Anane, qui vit toujours à Rouiba,

À toute ma famille.

Il m'a mordue, pincée, giflée. Il m'a frappée à coups de poing et de pied, des heures durant. Il m'a fouettée avec une branche d'arbre, un tuyau d'arrosage. Il m'a battue à coups d'appareil photo ou de rame de canoë. Il m'a traînée par les cheveux, enceinte, dans les escaliers. Il m'a cassé le nez, fêlé les cervicales, fracturé le coccyx…

Mon calvaire a duré neuf ans.

C'est incroyable, tout ce que j'ai enduré. J'aurais dû mourir. Cette année, en France, plus de cent trente femmes sont mortes sous les coups de leur compagnon. Pourquoi ne suis-je pas morte ?

J'avais 17 ans et demi quand j'ai rencontré celui que je croyais être l'homme de ma vie.

J'en ai 40 aujourd'hui et ce livre m'aide à émerger définitivement du cauchemar.

L'écrire était une nécessité. Pour mes fils, pour qu'ils sachent, un jour, ce que j'ai subi, ce que nous avons vécu tous les trois, pour que rien ne soit caché, occulté, pour qu'ils marchent à grandes enjambées dans la vie. Pour moi qui, treize ans après mon divorce, n'ai jamais vu de psychologue. C'est l'écriture qui m'a sauvée. Depuis longtemps, j'écris. J'ai commencé mon journal intime lorsque le piège s'était déjà refermé sur moi, en 1988. Écrire m'a servi d'échappatoire, de jardin secret quand je n'avais plus rien, plus d'identité, plus de corps, plus de visage, juste mon âme et un stylo.

Enfin, il fallait que j'écrive ce livre pour vous, les femmes. Pour toutes celles qui subissent la violence de leur compagnon. Pour vous, les travailleurs sociaux qui ne parvenez pas toujours à nous sortir de l'engrenage. Pour vous aussi, les frères et sœurs, les parents accablés. Mes proches m'ont raconté combien ils étaient effrayés par leur impuissance.

La femme battue n'écoute pas ce qu'on lui dit. Elle ne sait plus où est le bien, où est le mal.

Pour raconter presque vingt ans de ma vie, je me suis plongée dans mes souvenirs. J'ai relu mes journaux intimes, quatre agendas bourrés de mots minuscules, véritables pattes de mouche, dont vous verrez des reproductions dans ce livre. Ce sont des morceaux de ma vie. Parfois, des larmes ont délavé les pages. Parfois, l'écriture se tord, désespérée. Parfois, je me décris en « robot perturbé », en « vraie folle », et ma lucidité est suffocante. Il y a des brouillons de lettres envoyées à cet homme, pleines d'un amour irraisonné. Et d'autres documents, qui m'ont aidée à reconstituer le fil : des jugements de tribunaux, des petits mots glissés sous la porte, des cassettes audio et vidéo, des certificats médicaux…

Au fil de l'écriture, les mauvais souvenirs ont afflué. J'ai beaucoup pleuré. Et dans le même temps, j'ai pris de la distance. J'ai regardé cette femme qui se débattait. Je me suis dit : « C'est vraiment moi qui ai vécu tout ça ? Comment est-ce possible ? »

Aujourd'hui, je n'ai qu'une hâte : que vous me lisiez.

Et que vous me rendiez justice. Parce que j'étais seule et mal conseillée, il n'y a pas eu de grand procès regroupant toutes les maltraitances dont j'ai été victime. L'homme qui me battait à mort n'a eu que des condamnations légères. Pour recoller mon corps et ma vie en mille morceaux, je n'ai rien trouvé de mieux que de tout vous raconter.

Je n'étais pas promise à dix années de coups et de soumission. Mes sœurs n'ont pas du tout connu ma situation, et d'ailleurs, elles n'ont jamais cessé d'être indignées par l'enfer que Sélim[1], mon mari, mon bourreau, m'a fait subir. L'une vit librement avec un Français d'origine espagnole. L'autre, célibataire, fait ses études. Quant à ma chère sœur Shérazade, morte en 2003, elle était aussi très indépendante. Mes parents n'ont jamais fait de nos trois frères des surveillants, ni des cerbères.

1 – J'ai volontairement modifié les prénoms de tous les protagonistes, sauf ceux de mes deux fils et de ma sœur Shérazade.

D'accord, c'est vrai, j'ai pris des coups de mon père quand j'étais désobéissante. Mais je ne crois pas que ces claques paternelles m'ont « préparée » à devenir une femme battue, martyrisée.

Non, rien n'était écrit.

JE SUIS PLEINE DE RÊVES

Regardez-moi : j'ai 16 ans et demi. Je prends l'avion pour la première fois. Je vais vous dire, je frime. Je voyage toute seule, et vraiment, pour moi, c'est la classe ! Sur mon 1,75 mètre, j'ai enfilé un jean, une chemise bleu ciel et des ballerines blanches. Sur mon front, un bandeau rouge, jaune et vert, les couleurs du reggae et de mon idole, Bob Marley. Je n'en reviens pas, des hôtesses se penchent vers moi et me demandent si je préfére boire un jus d'orange ou un Coca. C'est chic ! Enivrant ! Alors, va pour les bourdonnements dans les oreilles et la peur de l'atterrissage…

Comme tous les étés, je vais à Guelma, une grande cité de l'Est de l'Algérie, la ville de ma famille.

D'habitude, nous traversons la Méditerranée en bateau – trop chers, les dix billets d'avion ! Mais cette fois, c'est du sérieux. Nous sommes en juillet 1985 et je ne pars pas en vacances, non. Mes parents, après huit enfants et trente années passées en France, ont décidé de rentrer au pays, accomplissant le rêve de cette première génération d'immigrés maghrébins. Mon papa est dynamique. Après avoir porté pendant plusieurs années, en France, la salopette de l'ouvrier dans une usine de faux plafonds, il veut monter, à Guelma, sa société de décoration intérieure. Il rêve de devenir son propre patron et d'offrir à ses enfants une situation plus confortable.

Je prends l'avion un an avant mes parents, parce que je viens de décrocher mon diplôme et que je ne veux pas perdre une année. Oui, j'ai pleuré en quittant ma meilleure amie, Nadia. Mais j'ai l'âge de tous les possibles et je m'envole vers mon avenir. Je suis une jeune fille brune, mince, vivante, pleine de rêves. J'ai en poche un CAP couture du lycée professionnel de Bourgoin-Jallieu, dans l'Isère, ce département où je suis née, où j'ai grandi, où je suis allée à l'école. Je veux tout à cette époque : poursuivre mes études au lycée, me choisir un bon mari, travailler pour un styliste. En couture, j'aime la coupe. En général, j'aime la vie…

Regardez-moi bien.
Vivez avec moi cet instant d'espoir et de liberté.

Je suis de ces jeunes filles qui rentrent un peu trop tard à la maison, qui fument en cachette. Du genre autonome, débrouillarde, « très dégourdie », comme le dit ma mère, avec un mélange de fierté et de désapprobation. Dans ma petite ville, à Pont-de-Chéruy, en échange de bonbons et de gâteaux, j'allais à la ferme du coin chercher du lait pour la boulangère quand j'avais 11 ans. À 13 ans, je travaillais une heure, chaque soir, dans sa boutique. Au même âge, on pouvait me voir tous les dimanches matins vendre des fruits et légumes au marché, chez un maraîcher qui m'avait embauchée. Au collège, j'étais volontiers rebelle et bagarreuse. C'est ce qui explique la stupéfaction de ma famille, par la suite, quand je suis devenue une femme embrigadée, passive, subissant les coups, aimant celui qui me les donnait, à en perdre la raison.

L'aéroport où je débarque en Algérie est étouffant, désorganisé et sale, avec ses tapis roulants en panne et ses toilettes indescriptibles. Je passe ma première année algérienne dans la grande maison que mon père a fait construire, patiemment, année après année, dans le quartier Bel-Air à Guelma. Mon oncle et sa femme s'y sont installés, en attendant que mes parents et quatre de mes sept frères et sœurs me rejoignent. Neuf pièces, plus une cuisine, trois vastes terrasses, et un généreux figuier… C'est une belle maison cossue, pleine de lumière et aux parfums délicieux. Mon papa s'apprête à devenir un entrepreneur connu dans la région, où il bénéficiera d'un boom de la construction des maisons individuelles, et des commandes de l'État. Les *wilayas* (provinces) de Constantine et d'Annaba, les deux grandes villes de l'Est, réclameront ses rosaces, ses aigles en bronze, ses faux plafonds.

En l'attendant, lui et le reste de la famille, je découvre ce pays que je ne connais pas si bien. Mon quotidien à Guelma n'a plus rien à voir avec les vacances que j'y passe chaque année, cette parenthèse insouciante – les cousins, la plage, le soleil qui tape. Cette fois-ci, c'est la vie de tous les jours. Quand je débute mon séjour en Algérie, qui durera sept ans au total, je suis française à 100 %. Française dans mes manières, dans mon approche des autres et de la vie en général. Le dépaysement n'est pas franchement douloureux, mais il me faut quand même m'habituer à des changements culturels profonds.

Au lycée, la discipline est à l'ancienne : en rang par deux, l'enseignant qui manie le bâton, au sens propre, en tapant sur nos doigts au moindre écart. Il m'arrive d'aller au coin les mains sur la tête, comme une écolière… Je ne m'attendais pas à ce pays conservateur, crispé, patriarcal. Je ne m'attendais pas au regard des voisins, de la rue, des cousins… On n'imagine pas à quel point le regard des autres, omniprésent, mécanise la vie de tous les jours en Algérie, comme dans la France du XIXe siècle. Tout est conditionné par l'obligation pénible de contribuer à « l'honneur » de la famille, de ne pas être considéré comme un individu laxiste sur le plan des mœurs. Évidemment, cet honneur pèse d'un poids immense sur les épaules des femmes, qui ne peuvent guère sortir se promener, seules ou accompagnées, sans êtres repérées par la moitié du quartier, qui le répète à l'autre !

Pour moi, c'est encore pire, parce que je suis une « immigrée », comme ils disent. C'est-à-dire une Française d'origine algérienne – ou une Algérienne ayant vécu en France – qui revient au pays. Dieu, comme ça se voit ! Je fais tout pour passer inaperçue, pour me fondre dans la masse des lycéennes, mais c'est impossible. Une de mes camarades, qui n'a jamais quitté Guelma, peut s'habiller à l'européenne, en jean Levi's, en talons hauts et manteau chic, sans se faire traiter d'« immigrée ». Mais moi, qui m'habille plus simplement qu'elle, en jean et baskets, je suis toujours reconnue et identifiée. Cela ne rate jamais, allez savoir pourquoi.

Les remarques machistes ou les insultes volent assez souvent. Dans mon journal intime, j'écris ces lignes, qu'on pourrait qualifier de racistes si elles ne venaient pas de moi : « J'ai la haine contre les Arabes ». Quand je marche sur le trottoir, je dois fixer l'horizon pour ne pas croiser le regard dragueur, lourd, des garçons. Avec mon amie Dalila, qui vient aussi de France, qu'est-ce qu'on s'entend dire ! Ils nous reprochent de nous habiller… à la garçonne. Ou alors, au contraire, nos tee-shirts sont trop moulants, ou trop décolletés. Cela ne va jamais. Dalila est incroyable : ce regard-là, inquisiteur et tyrannique, elle s'en fiche. Complètement. Dans sa tête, elle est libre. Je l'ai rencontrée au lycée, à Guelma. « Viens, on va te présenter une immigrée, comme toi », m'ont dit mes camarades. Et c'est vrai qu'on est bien ensemble.

Sur ce point précis de la tenue, mes parents ne m'embêtent jamais. Sans doute parce que je suis, en réalité, très correctement vêtue. En revanche, mes sorties sont à chaque fois âprement négociées – je parle d'aller au bureau de poste ou chez une amie ! Plus tard, lors de mes échappées belles avec mon futur mari, ce sera un sport que d'éviter les têtes connues, ou celles de la famille, quand on se promènera en ville. Les amoureux, en Algérie, vous les voyez se tenir furtivement les mains au fond d'un parc.

Une nouvelle vie commence. Je suis protégée par une famille aimante. Je me crois à l'abri du malheur. Je me trompe.

LES YEUX VERTS

Nous sommes en août 1985, quelques semaines après mon arrivée au pays. Un après-midi étouffant. Je pose la deuxième pierre de mon installation en Algérie en m'inscrivant au lycée. Le proviseur est souriant… et très, très optimiste.

« Vous avez pratiquement notre niveau baccalauréat, m'assure-t-il. Je pense que vous l'aurez sans difficulté.

- Il y a quand même un problème, lui dis-je. Je ne lis ni n'écris l'arabe littéraire. Je ne maîtrise que l'arabe dialectal. »

Lui y croit. Moi pas, et j'ai bien raison ! L'arabisation massive de l'enseignement algérien, autrefois très francisé, est un obstacle que tous mes efforts ne me permettront pas de franchir. Je n'en ressentirai aucun chagrin particulier : quelque chose d'immense est entré dans ma vie.

L'inscription terminée, je sors du lycée et je rentre lentement chez ma tante. Il fait très chaud. Je m'apprête à faire du shopping dans les petits commerces qui importent illégalement des vêtements de France, et qu'on appelle, je n'ai jamais su pourquoi, les « trabendos ». Je vois ce groupe de garçons, discutant dos au mur, nonchalamment. Et puis lui, lui aux yeux verts, qui tourne la tête dans ma direction, et son regard qui croise le mien, et mon cœur, immédiatement, qui s'affole. Il porte un pantalon à pinces et un polo blanc, des mocassins et des cheveux gominés, le parfait *latin lover*. J'ai le souffle coupé. Les jambes coupées. Le coup de foudre, je le vis, à cet instant, et plus jamais un homme ne produira cet effet-là sur moi.

Je mets des heures à m'en remettre. Je marche comme une somnambule. Si vous avez déjà eu un coup de foudre, vous comprendrez. Je me perds en voulant rentrer à la maison.

Ce garçon ? À mes yeux, c'est une star de Hollywood, ni plus ni moins. Il est châtain, mince, et suffisamment grand – 1,80 mètre – pour moi qui mesure cinq centimètres de moins. Il est toujours très bien habillé. Il fait attention à sa mise. Pardon de me répéter, mais il a ces grands yeux verts avec de longs cils, c'est irrésistible ! C'est un rêve, une apparition. Il a tout du type sûr de lui, à l'aise partout, chaleureux.

La suite arrive à l'automne, par temps de pluie. Mon amie Sihem, qui connaît ce garçon, m'a appris son prénom, Sélim, que je me répète en boucle en l'associant au mien. Sélim et Sabrina. Je fais des rêves éveillés, j'ai des visions cinématographiques de notre futur couple, je nous trouve sublimes. Je le croise souvent. Il habite à deux cent mètres de chez moi et se rend dans une école voisine de mon lycée, où il étudie la radiologie. Une première fois, il m'a demandé l'heure, mais je ne lui ai pas répondu, parce que ça ne se fait pas de répondre à un garçon dans la rue.

Mais voici qu'il s'avance à nouveau vers moi…

« Excusez-moi, mademoiselle, vous avez l'heure ?

Et moi bouche bée, tétanisée. Muette.

- Vous avez l'heure ? S'il vous plaît… »

Nous lions connaissance. Nous nous racontons nos vies au compte-gouttes, en cheminant sur le trottoir. Le trajet domicile-lycée devient le point central de mon existence. Mon cœur bat à tout rompre, tout le temps. Je suis transportée. Je flotte. Je suis sur un nuage. Il m'a, en fait, repérée depuis des mois. Son attention est flatteuse, grisante.

Après un certain temps, je me lasse de cette situation qui n'évolue pas. En France, nous nous serions déjà déclarés notre flamme. Nous aurions approfondi les confidences. Nous aurions échangé un ou deux baisers au bout de quelques semaines. Ici, rien. Platitude de la conversation, alors que nos cœurs bondissent. Gestes guindés, quand nos corps brûlent. Cette lenteur ! Ces interdits !

Je m'en ouvre à mes amies. Est-il normal que rien ne se passe ? Que nous en soyons toujours au point mort ?

« C'est lui qui décide du rythme, me dit Dalila. C'est comme ça, ici. »

Heureusement, ce fameux rythme s'accélère, un vendredi matin – le week-end algérien commence le jeudi.

Ma tante me dit que quelqu'un veut me parler et je descends en courant l'escalier. En bas des marches, j'aperçois une inconnue, dont les traits me rappellent quelqu'un.

« Tu es Sabrina ?

- Oui.

- Je suis la sœur de Sélim. »

Mon cœur fait un bond.

« Il voudrait te voir aujourd'hui.

- Oui.

- Tu peux aller à la station de taxis, à deux heures ? Il veut t'emmener au parc du hammam.

- Oui.

- Je lui dis que c'est d'accord ?
- Oui. »

Joie immense. Sceller notre amour au hammam Meskhoutine ! À quinze kilomètres de Guelma, dans un paysage grandiose, avec des cascades pétrifiées, ce hammam est plus, beaucoup plus, qu'un hammam... C'est un endroit magique ! Si j'avais été superstitieuse, j'aurais peut-être exigé un autre lieu de rencontre... Son nom, Meskhoutine, veut dire « le bain des damnés ». Et son histoire est celle d'un mariage maudit ! La légende dit qu'un frère y épousa sa sœur et que Dieu les pétrifia – d'immenses et spectaculaires cônes de pierres se dressent à cet endroit – pour les punir. Meskhoutine deviendra notre principal lieu de rendez-vous.

Quand je débouche, ce jour-là, dans la rue où stationnent les taxis, je le vois aussitôt. Il m'adresse un geste furtif de la main. Il ne bouge pas. Je me hâte vers lui. Il me serre la main, puis il me dit : « Tu es d'accord pour venir te promener au hammam ? » Suivent quinze minutes silencieuses – nous roulons vers la montagne. Puis c'est notre balade-conversation, à petits pas, la première d'une longue série.

Après avoir commandé des sodas au salon de thé, Sélim s'éclipse. Je saurai plus tard qu'il n'est pas allé aux toilettes, mais qu'il m'a observée pendant cinq minutes pour voir si je ne commettais pas un impair fatal : regarder un garçon, sourire à un serveur. Quelque chose de gravissime pour lui, qui l'aurait conduit à me congédier sur le champ. Mais tout à mon amour grandissant, je suis parfaite, et je ne prête aucune attention au monde extérieur.

Le 1er juin 1986 est le jour de notre premier baiser, échangé sur un banc, au hammam, encore. Une délicieuse étreinte trop vite interrompue, et cette question :

« Tu as déjà embrassé d'autres garçons ? En France ? »

Hésitation. Ne pas mentir, pas envie de lui mentir.

« Oui, une fois.

- Tu l'aimais ?
- Non... C'était comme ça. »
Silence très, très contrarié. Je lui prends la main.
« Sélim ? »
Il lève les yeux, son regard est étrange. Et là :
« Tu es vierge ? »
Je suis estomaquée.
« Sélim !
- Je répète. Sa voix est toute de colère contenue. Tu es vierge ?
- Oui, bien sûr, qu'est-ce que tu imagines ? »

Je vais avoir 18 ans, et j'ai grandi dans une famille algérienne et musulmane. Donc, comme beaucoup de filles dans mon cas, je suis encore vierge. Évidemment !

Il reste silencieux. Soudain, il prend ma main et l'embrasse.

Quelques jours plus tard, chez un ami, il me propose des cigarettes. J'accepte, réjouie de voir qu'il est plus détendu sur le tabac et les femmes que nombre d'hommes algériens. Puis il me propose de l'herbe, que je refuse. Il m'interroge sur l'alcool – est-ce que j'en bois ? Non, jamais…

S'ensuivent, comme au hammam, de longs silences, comme pour peser tranquillement mon degré de décadence. Cette obsession des péchés que j'ai pu commettre, que je commets sans doute, ou que je commettrai un jour, va devenir l'un des fondements de notre relation.

LA GIFLE

L'engrenage se met en place, progressivement, efficacement. Dans cet élan que j'ai pour lui, je suis naïve et désarmée. Alors qu'une relation terriblement inéquitable s'installe.

Trois épisodes se succèdent, au cours de ces années 1985-1986. Une initiation, en quelque sorte, à ce qui va suivre.

Premier épisode. Un matin d'hiver, sur le chemin de l'école, Sélim est silencieux et glacial. Après avoir passé en revue, sans succès, ce qui a pu lui déplaire, j'ose un :

« Quelque chose ne va pas ? Quelque chose t'a déplu ? »

Il me fixe avec ce regard haineux que j'apprendrai par la suite à connaître, à identifier, à craindre.

« Tu as été vue à la poste, hier », lâche-t-il.

Je saurai plus tard que ses amis me guettent, m'observent, et le renseignent sur mes allées et venues, en permanence.

« Oui, je suis allée téléphoner à ma sœur, Meryem.

- Et tu t'es promenée seule dans la rue. »

Je hausse les épaules.

« Ben oui, comment faire autrement ?

- Ne me parle pas comme ça ! Je ne veux pas que tu sois seule dans les rues. »

Je le regarde, interdite.

« Mais pourquoi ? Je n'ai fait qu'un aller-retour !

- Tu ne vas plus à la poste, un point c'est tout.

- Il n'y a pas de téléphone à la maison. Comment faire pour parler à mes sœurs qui vivent en France ? Elles me manquent ! »

Et en plus, je me sens obligée de me justifier.

« Ce n'est pas mon problème. Qui me dit que tu n'avais pas rendez-vous avec quelqu'un, en cachette ? »

Je me consume pour lui et voilà qu'il me soupçonne d'infidélité. J'ai une boule dans l'estomac.

« Sélim…

- Tu n'as pas à sortir ! C'est moi qui commande. Je ne veux pas qu'on te voie n'importe où. Tu es ma future femme ! Réfléchis ! »

Quand nous nous revoyons quelques jours plus tard, il se comporte comme si rien ne s'était passé. Grand sourire, mains qui effleurent les miennes, et moi, folle de joie.

Deuxième épisode. C'est le printemps et nous passons l'après-midi chez un ami, Hatem. Sélim sort un paquet de cigarettes, s'en allume une, tend le paquet à Hatem, puis le rempoche.

« Et moi ? » dis-je.

Ton cassant.

« Je ne veux plus que tu fumes. Ce sont les putes qui fument. Tu es une pute ? »

L'ami Hatem se tasse sur sa chaise, embarrassé par la tournure de la conversation.

« Pourquoi me rabaisses-tu devant ton ami ?

- C'est toi qui te rabaisses en quémandant une cigarette. Tu es d'accord, Hatem ? »

Murmure gêné :

« Oui... Pour une femme... »

Sélim reprend.

« Tu n'es pas une pute, hein, Sabrina ?

- Non. Bien sûr que non. »

Il sourit.

« Tu ne fumes plus à partir d'aujourd'hui. Sinon tout le monde va le croire !

- Croire quoi ?

- Mais que tu es une pute ! Bon sang ! »

Et là, évidemment, j'ai une très grosse envie de partir, de pleurer. C'est tellement dur d'être humiliée par celui qu'on aime. C'est une énorme souffrance. À ce moment-là, je veux croire que l'interdit pourra être levé et qu'il se calmera. Mais ce ne sera pas le cas et cette histoire de cigarettes restera un point de fixation entre nous, pendant des années.

Troisième épisode. L'été, cette fois. Mes parents arrivent à Guelma. Je retrouve ma petite famille. Ma mère m'annonce que nous allons rendre visite à une tante, le vendredi suivant, dans le village où elle vit, à quelques kilomètres de Guelma. Le mardi matin, sur le chemin de l'école, j'annonce à Sélim que je ne serai pas là à la fin du week-end.

Tête d'enterrement.

Froidement, il me donne rendez-vous le jeudi à la station de taxi. Ne croyez pas que nous roulons sur l'or, à tout le temps prendre les taxis. Sélim appartient à une famille modeste, père ouvrier dans la mécanique, mère couturière, huit enfants, tous serrés dans une petite maison de trois pièces. Quant à moi, même plus favorisée, je ne dispose pas d'argent de poche, ou si peu. Non, si nous prenons le taxi, c'est qu'il n'existe tout simplement pas d'autre moyen de se déplacer. Pas de voiture personnelle, et presque pas de transports en commun. Et puis, le taxi n'est pas si cher.

Le jeudi, dans la voiture, le silence est total. Dans le parc du hammam, Sélim m'entraîne, sans ménagement, dans un coin où nous ne risquons pas d'être dérangés. Nous nous asseyons sur un banc. Il sait ce qu'il va faire. Moi pas.

« Sabrina, je ne veux pas que tu ailles chez ta tante.

- Mais pourquoi ?

- Parce que c'est comme ça.

- Mais j'y vais avec ma famille ! Mes parents, mes frères, ma petite sœur...

- C'est non. »

Je prends ma respiration.

« Écoute Sélim, tu n'as aucune raison de t'inquiéter, je... »

Et elle est partie d'un coup. Je ne l'ai pas vue venir. La gifle. Elle me coupe le souffle. La douleur irradie ma joue. Oh, le beau visage impassible en face de moi... Le beau visage que j'aime tant et qui me dit : « Si tu vas chez ta tante, tout est fini entre nous ! »

Dans ma tête, je réfléchis à toute vitesse. Plutôt que de protester, de hurler de colère et d'humiliation, de partir en courant, je m'efforce de composer, de trouver un arrangement. Comment faire ? Comment annoncer à mes parents que je ne pourrai pas venir avec eux ?

« Très bien, je vais voir ce que je peux faire.
- Est-ce que c'est clair ? Tu as bien compris ?
- Oui. »

Je réponds sans le regarder, comme une petite fille sage.

« Alors lève-toi, je te paie un café. »

Nous nous dirigeons vers le salon de thé. Ma joue est rouge, et il fait beau.

Je ne peux pas échapper à la visite familiale. Je réussis le prodige, pendant les jours suivants, de m'attribuer la responsabilité de la gifle, de trouver à Sélim des circonstances atténuantes. Lesquelles ? Mystère ! Et quand nous nous retrouvons sur le chemin de l'école, je retrouve son sourire et sa gentillesse. Comme si rien ne s'était passé.

Nous parvenons même à partir tous les deux, dans le plus grand secret, en week-end à Annaba, grâce à ma tante Ouarda qui me « couvre » en assurant à mes parents qu'elle m'invite ! C'est une révolution. Partir avec mon amoureux. Quitter l'étroit contrôle familial. Me sentir grandir à toute vitesse. De ces deux journées au bord de la mer, de cette nuit chaste mais tendre, je garde un souvenir merveilleux…

Des exemples de la jalousie maladive de Sélim, à l'occasion de sorties familiales parfaitement inoffensives, j'en consigne beaucoup dans mon journal intime, d'août 1988 à août 1991. Comme cette fois-là :

« *Mercredi 16 novembre 1988.*

C'est une fois de plus avec les larmes aux yeux que je rentre chez moi, tout allait si bien, je nageais dans le bonheur, et maintenant tout s'écroule. Pourquoi ? Parce que normalement je devrais partir avec ma sœur à Alger, pour voir mon autre sœur, et Sélim n'est pas d'accord. Moi-même, je ne voulais pas y aller, mais pour mon père il n'est pas question que Shérazade parte seule.

[…] Sélim et moi on s'est disputés toute l'après-midi chez sa sœur, je pleurais, c'était plus fort que moi. Il m'a dit que quand je reviendrai, j'aurai une

belle surprise : il ne me parlerait plus. J'arrive plus à écrire alors je m'arrête. »

La crise dure après mon retour d'Alger. Sélim m'ignore totalement devant sa famille et je pleure à en oublier de respirer. Et puis ça se calme. Un peu…

Le 28 novembre j'écris cette phrase qui se passe de commentaires : « *Je crois que tout est arrangé et je jure qu'à partir d'aujourd'hui, jamais plus je ne lui désobéirai* ».

MORDUE !

Après mon échec au bac, en juin 1987 – ne vous moquez pas, je voudrais vous y voir, passer un examen en arabe littéraire… – je m'inscris dans la seule école professionnelle bilingue de Guelma : une école d'agronomie ! Ce n'est pas exactement une vocation, malgré mes visites fréquentes à la ferme de Pont-de-Chéruy quand j'étais petite. Mais je ne veux pas rester sans rien faire. Sélim continue ses études de radiologie. Nos chemins pour aller à l'école divergent plus rapidement, et c'en est fini de nos longues discussions matinales… Nous nous rencontrons dans d'autres circonstances, toujours en cachette de ma famille. Il est impensable que les parents d'une jeune fille acceptent que leur progéniture fréquente un jeune homme sans être fiancée.

Je prends de plein fouet cette dictature de l'honneur, ces lois non écrites qui pourrissent la vie de millions de jeunes filles algériennes. Je me fais disputer par ma mère parce qu'« on » m'a vue en ville « avec un garçon ». Et Sélim, de son côté, me harcèle et parfois me frappe quand je sors seule faire une course ! Je suis responsable de leur réputation, à tous. Prise dans un étau.

Un jour, je suis convoquée dans la cuisine. Ma mère :

« Où étais-tu hier après-midi ?

- À l'école, pourquoi ? »

Une gifle.

Puis :

« Ne te moque pas de moi ! Tu as été vue en ville avec un garçon. Ici, on n'est pas en France. Tu sais ce que les gens pensent des filles immigrées ? Ils les voient comme des dévergondées ! »

Malheur ! Une tante par alliance m'a remarquée avec Sélim en ville, et elle l'a dit à ma mère. Je ne m'en suis pas aperçue, puisque cette tante ne sort qu'en *haïk*, le costume traditionnel algérien qui comporte un mouchoir blanc noué au-dessus du nez et de la bouche. Sélim et moi ne nous touchons jamais à l'extérieur, mais cheminer côte à côte suffit à faire jaser. Maintenant, ma mère crie.

« Fais attention à ton comportement ! Pense à ta réputation, à celle de la famille ! »

Et je n'ai plus du tout le droit de sortir, pendant quelque temps.

Quand la punition est levée, je me remets à fréquenter Sélim, frénétiquement. En acceptant d'étranges preuves d'amour.

Dans mon journal des années 1988-1989, avec ses feuilles quadrillées et son protège-cahier rouge, j'écris, le 21 août 1988, ces phrases énigmatiques :

« *À 14 heures je suis sortie avec Sélim, jusqu'à 17 heures. J'ai passé un merveilleux après-midi mais trop court, et je suis pleine de bleus sur les bras* ».

Le 15 octobre 1988 : « *Il m'a laissée une belle morsure à la main gauche qui m'a fait terriblement mal, mais j'ai l'habitude car ce n'est pas la première fois, enfin bref. Nous avons de nouveau rendez-vous lundi et j'espère que ce sera mieux, on verra bien* ».

Et le 1er avril 1989 : « *On a bien discuté et rigolé mais j'ai aussi pleuré parce qu'il m'a mordu les paumes des mains* [les paumes des mains !] *et j'ai eu très mal, même maintenant en écrivant j'ai encore mal, mais venant de lui ça me fait plaisir* ».

Je n'invente rien.

J'étais mordue, au sens propre comme au sens figuré. Mordue de lui, mordue par lui.

Plus tard, lorsque j'ai lu le livre de la psychanalyste Marie-France Hirigoyen, *Femmes sous emprise*[1], j'ai découvert que les pincements et les morsures faisaient partie de la panoplie de l'homme violent.

1 - Réédition 2006, Pocket.

Mais à l'époque, je ne suis pas armée pour trouver cela étrange ou malsain. Il ne me vient pas à l'idée de lui demander *pourquoi* il me fait ça. Il le fait, je l'aime, il m'aime – tout est dans l'ordre des choses. À l'époque – c'est ce qui ressort de mon journal – je me contrains même à interpréter ces gestes comme de gentils suçons. De fait, les morsures sont plus douces que les séances de claques qui ont déjà commencé et qui vont bientôt prendre une tout autre ampleur.

Fin 1988, déjà, sous n'importe quel prétexte, je suis giflée, tirée par les cheveux. Mais je conclus chaque page de mon journal par un « *Bonsoir mon amour* » enflammé.

Nina, ma petite sœur, née en 1980, la seule de mes trois sœurs à avoir vécu avec moi ces sept années algériennes en totalité, sert de messagère entre Sélim et moi. Elle se prend en plein visage mon désespoir. Aujourd'hui, elle est élève-infirmière et s'intéresse beaucoup à la psychologie. Elle relit ce qui m'est arrivé à la lumière de ce qu'elle apprend à l'école. Quand j'en parle avec elle, après toutes ces années, voilà ce qu'elle m'en dit : « Je me souviens de l'amour que tu avais pour lui. Quelque chose de fou ! Tu transgressais sans arrêt les interdits : alors que les fiançailles n'avaient pas encore eu lieu, tu étais tout le temps fourrée chez ta future belle-famille, week-ends, après-midi, soirées... Tu passais même des heures avec ta belle-mère, à te morfondre, en l'absence de Sélim ou de ses sœurs. Tu t'ennuyais. De ton plein gré. Tu pleurais sans arrêt. Tout le temps ! C'était dur pour moi, parce qu'à Guelma, tu étais ma seule grande sœur, les autres étaient en France. Tu étais mon repère, comme une seconde maman. Alors, te voir perdue, si mal... Tu me donnais un dinar, et je devais amener à Sélim des petits mots, en cachette de nos parents. À cette époque, je savais qu'il te faisait souffrir, mais je ne savais pas qu'il te frappait. Et ce qui était perturbant, c'est qu'avec moi, il était très gentil ! Il demandait de mes nouvelles... »

Ce regard extérieur m'est précieux. Il me prouve combien j'étais hypnotisée par Sélim, incapable d'analyser ma propre servitude, mon embrigadement. Mais aussi combien déjà il était déjà manipulateur. Violent avec moi, aimable avec ma sœur.

« QUAND LE PRÉSENT RESSEMBLE À L'ENFER »

Il existe un lien incroyable entre ma relation à Sélim et l'écriture. Pour le dire simplement, je me mets à écrire un journal intime à la minute où je tombe amoureuse de lui. J'ai ce sentiment de vivre quelque chose d'incroyable, qui me chamboule complètement. Je veux laisser une trace de tout cela. J'ai besoin de vider mon cœur, noir sur blanc, de faire le point sur ce qui m'arrive. Pour me souvenir.

On dira : tout ceci est très classique. Toutes les adolescentes ont besoin d'épancher leur trop-plein de sentiments dans un journal. Ce qui est frappant à la relecture du mien, c'est combien il dit mon désarroi total. Preuve : ces deux poèmes retrouvés au détour d'une page de l'année 1988. Je n'avais pas écrit la moindre ligne de poème avant cette date. Et il est clair que la poésie dit tout ce que je ne peux pas exprimer consciemment.

Destin
Je refuse de me plier à un destin aveugle
La malchance va et vient il faut la surmonter
La chance va et vient il faut la saisir
Mais ne jamais s'asseoir au bord de la route
Pour exhiber ses plaies en criant
« c'est le destin » !

Souvenirs
Il y en a qu'on voudrait chasser
D'autres qu'on voudrait garder
Un souvenir
C'est comme un rire
Ou comme une larme
Quand le sort s'acharne
Un souvenir

Ce n'est pas l'avenir
C'est du passé
Même si cela a bel et bien existé
On aime revivre certains moments
Remonter le fil des ans
C'est comme une OASIS dans le désert
Quand le présent ressemble À L'ENFER.

KIDNAPPÉE

Je vous vois venir.

Vous imaginez un épisode romanesque, Sélim à cheval, la nuit, sous mes fenêtres, et moi descendant le rejoindre le long d'une corde tressée avec mes draps. Puis nous deux, silhouettes enlacées au clair de lune, galopant dans les collines, mes bras serrés autour de sa taille, pressés d'être libres et heureux…

Mais ce qui m'arrive cet après-midi-là, au printemps 1988, pendant le Ramadan – une invraisemblable aventure, reflet de l'insécurité en Algérie, à quelques mois du début de la guerre civile – n'est pas le fait de Sélim. L'incident, pourtant, en dit long sur lui.

Sélim et moi nous promenons en périphérie de la ville. Nous sommes assis dans des sortes de dunes, de terrains vagues, qui surplombent notre quartier. Nous sommes seuls. Il y a une base militaire à proximité, et nous croyons d'abord que ces trois hommes qui passent et repassent devant nous sont des soldats en civil. Je me souviens surtout d'un petit gros avec une capuche, et d'un grand avec une balafre. Ce sont en fait des petits voyous, des campagnards montés à Guelma pour faire les quatre cents coups. Nous le saurons plus tard.

Pour l'heure, ils nous regardent bizarrement.

« Viens, on s'en va », souffle Sélim.

Trop tard. Les types s'approchent, et le balafré sort un cran d'arrêt.

« Excusez-nous, on ne savait pas qu'on était dans une zone militaire, dit Sélim.

- Toi, tu pars, répond le balafré. Elle, elle vient avec moi. »

Je fouille dans mes poches, je tremble comme une feuille.

« Je peux vous donner de l'argent... »

Ils discutent entre eux et décident de nous emmener tous les deux dans la forêt sur les hauteurs de Guelma. Nous marchons pendant au moins une heure, couteau pointé dans le dos. Je leur demande qui ils sont.

« On sort de prison, répond le balafré.

- Et qu'est-ce que vous avez fait pour aller en prison ?

- Quand on sera en haut, je te montrerai ce que j'ai fait ! »

Je comprends ce qu'il me veut. Je les supplie de nous libérer, je fais mine d'être épuisée, je tombe, je leur dis : « Vous n'aimeriez pas qu'on fasse ça à votre sœur, hein ? »

Ils finissent par attacher Sélim à un arbre. C'est terrifiant. Le balafré, qui doit être le chef, me prend par la main et nous partons tout seuls vers le sommet d'une colline. Je me retourne vers Sélim et mes yeux cherchent à le rassurer : « Ne t'inquiète pas ! Je vais m'en sortir ! »

« Alors ma belle, c'est qui ce gars qui t'accompagne ? me lance le "chef".

- Mon futur mari.

- Mmh... Et tu as déjà fait quelque chose avec lui ?

- Non, pas du tout. Nous sommes des gens biens. »

Une fois à l'abri des regards, il s'arrête. Il commence à me toucher les hanches. Je crie, terrorisée.

« Arrête ! Arrête, je t'en prie !

- Ferme-là et laisse-toi faire ou je te tue !, hurle-t-il en retour, me menaçant de son couteau.

- Alors tue-moi ! Si tu me violes, de toute façon, c'est comme si j'étais morte ! »

Il glisse ses mains sous ma robe et touche mes cuisses.

Je frémis d'horreur, et prends un ton plus calme.

« Écoute, je t'en supplie, je ne veux pas que ça se passe comme ça. »

J'essaye de ruser.

« Si tu dis non, je t'égorge !, reprend-il, en brandissant le couteau.

- Attention ! Là ! »

Je hurle en désignant l'ombre d'un arbre qui peut passer pour une silhouette. Je fais la comédienne avec un talent que je ne soupçonnais pas.

« Il y a quelqu'un ! »

Il se retourne, inquiet. Pour rendre mon attitude plus crédible, je le retiens par la chemise en lui disant : « Attention à toi ! S'il te plaît, ne me laisse pas ! » Il s'éloigne de quelques pas. Et j'en profite pour me sauver dans la direction opposée. Je ne sais même pas s'il tente de me poursuivre.

Je remonte ma jupe et je cours, cours, cours... Très longtemps. Très vite, je perds mes sandales, mais il est hors de question de m'arrêter pour les récupérer. J'ai peur, très peur, le bruit du vent me fait peur, les ombres, ma respiration, tout me remplit de terreur. Je ne sais pas où je vais. Quand je suis sûre que personne n'est derrière moi, je m'arrête, je regarde Guelma qui s'étend sous mes pieds, et je me repère. Je descends, en marchant cette fois.

Je passe devant la maison de ma grand-mère. Je m'arrête devant celle de Sélim, hors d'haleine, cheveux en bataille, pieds nus et écorchés. Des copains de Sélim me regardent, stupéfaits. Je raconte l'agression et ils partent aussitôt à sa recherche. Je rentre chez moi, tremblante, en larmes. Seule ma petite sœur Nina est là, et je suis soulagée que mes parents ne me voient pas dans cet état.

Puis j'attends.

Je n'ai pas de nouvelles avant le lendemain matin, quand l'une de ses sœurs me dit que Sélim est sain et sauf et qu'il dort. Je ne le revois pas avant midi. Quand je sors sur le trottoir, les pieds encore endoloris, il est là, souriant. Et moi, réconfortée.

« Alors ? Qu'est-ce qui s'est passé ?, lui demandé-je aussitôt.

- Rien. Ils m'ont détaché quand le chef est redescendu. »

Puis son visage change.

« Et toi ? Je t'ai cherchée… »

Je raconte tout, sans rien lui cacher. Mais je vois sa colère monter, monter…

« Tu es certaine que c'est tout ? »

Voix blanche.

« Il ne t'a pas touchée ?

- Mais si, un peu, je t'ai dit !

- Pourquoi tu n'étais plus dans la forêt ? Où étais-tu ? »

J'ai répété, encore et encore.

« Je suis partie en courant, j'étais paniquée… J'avais très peur qu'ils ne te blessent. Je suis si contente de te voir… »

Je m'attendais à trouver du réconfort auprès de lui. Je m'attendais même à ce qu'il me félicite pour mon courage et mon sens de la ruse. Mais rien ! Il n'a pas un geste de gentillesse ou de compassion. Après un silence, il me dit :

« Je ne te crois pas. Je dois avoir la certitude que tu es encore vierge. Je veux un certificat. Tu dois aller voir une sage-femme ».

Je suis terrassée. L'affaire n'en reste pas là.

Deux jours plus tard, Sélim reconnaît dans notre quartier l'un de nos agresseurs. Il le suit. Au bout d'un moment, l'homme retrouve son copain. Sélim avise alors un policier qui patrouille. Les deux voyous sont arrêtés et emmenés au commissariat. Je me rends là-bas pour les identifier, et quand je les vois, mon cœur s'arrête. Dieu comme je tremble ! Le balafré essaie de m'attendrir, de me culpabiliser parce que je vais l'envoyer en prison… Quand je raconte ce qu'il a essayé de me faire, l'un des policiers le force à enlever son pantalon, l'assied sur une chaise sans fond, fait tomber la chaise pour que le type se retrouve prisonnier, à quatre pattes, et frappe ses fesses à coup de matraque. Je vois tout. Je n'en demandais pas tant.

Et puis, je dois témoigner devant le tribunal. C'est terrible ! J'ai réussi à ne rien dire à mes parents, mais là, dans la salle, des dizaines d'habitants de Guelma assistent au procès, et m'entendent décrire une tentative de viol… Le président ne veut pas que je m'exprime en français, et j'ai le plus grand mal à trouver les mots justes en arabe pour raconter ce qui m'est arrivé. Le petit gros et le balafré (le troisième homme n'a jamais été retrouvé) sont condamnés à cinq ans de prison ferme. Sauf que par un de ces tours de passe-passe dont la justice algérienne a le secret, je les retrouverai dans la rue dix-huit mois plus tard. L'un d'eux lèvera alors les bras au ciel et prendra une mine narquoise, d'un air de dire : « Tu vois, je suis encore là… » Ce jour-là, j'ai filé. Je ne les ai plus jamais revus.

Sur l'insistance de Sélim, j'accepte d'aller voir une sage-femme.

« De toute façon, ajoute Sélim, j'aurai besoin de ce certificat pour le mariage… »

Et voilà. C'est lui. Celui que je veux épouser. Si je refuse ce test, notre histoire est terminée… Un autre morceau de moi-même, de ma dignité, de mon amour-propre, se détache cet après-midi-là. Pas parce qu'on a tenté de me violer. Mais parce que mon amoureux, celui qui emplit ma vie, celui dont le visage est le paysage de mes pensées, mon amoureux ne me croit pas.

Quelques mois plus tard, Sélim termine ses études. Il est embauché comme manipulateur en radiologie à l'hôpital de Guelma. Ce Sélim-là, le Sélim professionnel, social, est apprécié de tous. Je me souviens des médecins du service me félicitant d'épouser un type aussi formidable, bon dans son travail et charmant de surcroît... Il n'en faut pas plus pour que ses chevilles enflent, et elles enflent. Sélim, au moins en apparence, se prend pour la septième merveille du monde.

À LA SAUVETTE

En janvier 1989, j'ai 20 ans, et un diplôme de technicienne en agriculture. Mes études sont terminées, je veux désespérément me marier. La situation commence à s'officialiser. En l'absence de Sélim – parti une semaine du côté de Sétif, à deux cents kilomètres de Guelma, pour essayer de se faire réformer du service militaire, « Maman Dabia », comme j'appelle alors sa mère, et trois de ses sœurs, viennent en visite à la maison pour évoquer le mariage. Quelle excitation ! Je suis une princesse, mon prince charmant est au loin, je reçois ma future belle-famille, qui vient faire faire sa demande à mes parents. Joli moment d'effervescence et d'illusions.

Mes parents réalisent alors que l'homme avec qui j'ai été vue en ville par ma tante… est Sélim. Ils sont méfiants, parce que les parents d'une fille à marier, en Algérie, sont toujours sur leurs gardes. Plus tard, lorsqu'ils feront davantage la connaissance de mon futur époux, ils deviendront franchement hostiles.

S'ensuit une étrange période, où Sélim me presse de partir seule en France pour organiser… notre mariage civil dans l'Isère, à Chavanoz, où vivent deux de mes sœurs. Il veut qu'une fois mariés religieusement à Guelma, nous vivions en France. Et pourquoi ce mariage civil précoce ? En fait, mais je ne le comprendrai que plus tard, il souhaite profiter de ma nationalité française pour obtenir un titre de résident. Si je pense qu'alors il m'aimait – à sa manière – je crois aussi que ma situation administrative l'intéressait au plus haut point…

Un mariage en France, alors qu'il n'a toujours pas fait sa demande en mariage officielle auprès de mes parents, et que la cérémonie religieuse n'est pas programmée ? Je m'y oppose dans un premier temps. Je lui dis : « Fais ta demande, on verra après ». Mais pour l'heure, seul compte à ses yeux ce mariage français. Il est obsédé par ça.

Je crois aujourd'hui avoir compris pourquoi il était si pressé. Il n'était pas sûr que nous irions au bout de notre projet, le mariage algérien et religieux qui nous unirait pour la vie. Il voulait sans doute s'assurer de la possibilité d'avoir la carte de résident, en épousant une Française en France. Quitte à me lâcher après. Comme un mariage blanc.

Sur le moment, je ne saisis rien de tout cela. Mais, véritablement téléguidée, je fais tout pour convaincre mes parents que je dois séjourner en France, sans leur dire le véritable objectif de ce séjour. Le bras de fer dure plusieurs semaines. Mon père devine que je lui cache quelque chose. Il menace de déchirer mon passeport, et finit même par lever la main sur moi, un soir de dispute. Rien ne me dissuade. Je veux obstinément traverser la Méditerranée pour faire ce que Sélim me demande de faire. J'ai, si on peut dire, une bonne raison : des problèmes intestinaux, des maux de ventre répétés. Les médecins de l'hôpital de Guelma ne m'ont rien trouvé, et je veux consulter des médecins français. Qui ne trouveront rien non plus. Et pour cause, c'est psychosomatique. Je le sais aujourd'hui. La relation que j'avais avec Sélim me rendait malade. Le harcèlement, les insultes et les coups sont des poisons violents qui m'abîmaient.

L'aggravation de mes symptômes a raison de la résistance de mon père. Le 8 avril, je suis dans l'avion.

Mes grandes sœurs, Meryem et Shérazade, vivent à Chavanoz, un bourg isérois de quatre mille habitants, à trente kilomètres de Lyon, et à deux pas de Pont-de-Chéruy où j'ai grandi. Le mariage à la mairie est programmé pour le 10 juin. Je le leur annonce. Shérazade est effondrée. Elle n'a vu Sélim qu'une seule fois, mais elle en a une opinion bien arrêtée. Elle est très, très en colère :

« Tu te maries sans rien dire aux parents, avec ce type qui te hurlait dessus au téléphone, l'été dernier ? »

Pendant les grandes vacances de l'été 1988, passées en France, à Chavanoz, j'avais trouvé un petit job de mannequin. Mais Sélim, que cette perspective rendait fou, m'avait formellement interdit de poser pour un photographe, et j'avais tout laissé tomber.

Shérazade continue à crier.

« Il est intéressé par ta nationalité, c'est tout ! En plus, il va t'enfermer, et tu seras comme toutes ces femmes qu'on ne voit jamais, et qui n'existent pas ! »

Je rigole.

« Mais non, il n'est pas comme ça ! Il est jaloux, c'est tout.

- Très bien. Je préviens immédiatement les parents.

- Je le ferai, ne leur téléphone pas, je t'en supplie... »

Et Shérazade fait l'impensable : elle téléphone à la mairie de Chavanoz et annule tout bonnement le mariage, en se faisant passer pour moi !

C'est incroyable. Elle a raison sur le fond, mais je l'ignore. Et comment peut-elle prendre cette décision sans essayer de m'en convaincre avant ? Nous nous disputons longuement. Shérazade est dévorée d'inquiétude pour mon avenir conjugal. Je fais mine d'obtempérer. Mais sans rien lui dire, j'appelle la secrétaire du maire, qui ne comprend plus rien, et confirme la date. Je suis comme une adolescente butée, emmurée dans son amour, totalement imperméable aux bons conseils, au regard des autres. Ma sœur Meryem, moins hostile à Sélim que Shérazade, m'aide à tout organiser en cachette.

Je veux m'offrir de jolis vêtements pour l'occasion. Je trouve un travail d'aide-ménagère chez un agriculteur à la retraite, un charmant vieux monsieur en salopette. On regarde la télé et on joue aux cartes, avec une mise de 10 francs la partie. Il se fait un plaisir de me faire gagner. Je passe chez lui de paisibles journées.

Sélim arrive de Guelma le 5 juin, passe dire bonjour à l'appartement (tête de Shérazade) et attend la date du mariage dans un hôtel lyonnais. Puis arrive ce que j'appelle dans mon journal intime « *le plus beau jour de ma vie* ». Je me fais maquiller et coiffer chez une amie de Meryem, loin des yeux de Shérazade. La cérémonie est simple à l'extrême, avec ma sœur pour témoin, et nos « oui » pleins de promesses. J'écris dans mon cahier rouge : « *À partir d'aujourd'hui, je suis madame B., ça me fait tout drôle* ».

La nuit de noces à l'hôtel n'en est pas vraiment une. Je veux rester vierge jusqu'au mariage algérien. J'ai en tête le récit de cette amie algérienne qui a accepté des rapports sexuels avec son futur époux, et qui a été répudiée le jour même de son mariage… parce qu'elle n'était plus vierge !

Nous nous installons quelques jours à l'hôtel, et je retourne travailler chez mon paysan en salopette, en attendant le retour à Guelma. Ce boulot innocent me vaut ma première nuit de cauchemar.

L'EMPRISE

À ce stade de mon récit, et avant que ne commence la description de scènes qui dépassent l'entendement, je veux tenter d'expliquer ce qui semble inexplicable. Je veux répondre à tous ceux, à ma famille bien-aimée, à mes amis, qui n'ont pas compris, qui ne comprennent toujours pas : pourquoi je suis restée.

Dix ans.

Dix ans pendant lesquels mon âme et mon corps ont appartenu à quelqu'un d'autre que moi.

Mais d'abord, je voudrais parler de Sélim. Si l'on se demande pourquoi je suis restée, il faut aussi se demander *pourquoi* il était comme ça. Tous les hommes algériens, ou musulmans, ne sont pas d'abominables tyrans domestiques ou d'insatiables bourreaux. Alors pourquoi lui ?

Au fond, je ne sais pas. À l'époque, personne ne lui disait qu'il était malade, il ne s'est jamais vu comme quelqu'un qui devait se faire soigner. Un garçon de Guelma, dans les années 1980, ne se rendait pas chez un psychologue pour canaliser ses pulsions. Et lorsque nous avons fini par divorcer, il n'a pas été obligé de suivre une thérapie. Moi-même, je n'ai pas encore commencé ce travail. Je manque donc de mots et d'éléments pour expliquer son comportement.

Voici tout de même ce que je peux en dire. Sélim était le premier garçon d'une fratrie de huit enfants (huit, comme chez moi). Il est arrivé après quatre filles, et il était très, très attendu. Il a été incroyablement choyé, chouchouté, dorloté, puis adoré comme un dieu. Cela allait bien au-delà de l'attention portée traditionnellement aux garçons dans les familles méditerranéennes. C'était quelque chose de fou. À table, sa mère le servait ostensiblement plus que les autres. Deux morceaux de viande au lieu d'un pour le petit dieu. Ses sœurs lui ramenaient toujours des cadeaux. Le défendaient en toutes circonstances. Ce sont donc des femmes, oui des femmes, qui ont fait de lui un terrible macho, même si cela se retournait contre elles...

Au fil des années, sous mes yeux, il est devenu de plus en plus autoritaire vis-à-vis des cadettes, celles qui vivaient encore à la maison. Quand elles sortaient, c'était en cachette. Un jour, parce que l'une d'elles avait été aperçue en ville avec son amoureux, il l'a véritablement massacrée. Oui, vous avez bien lu : il a massacré une de ses sœurs. Je l'ai vue quelques jours plus tard, prostrée. L'une des sœurs m'a confié qu'elle avait même tenté de se tuer en sautant de la terrasse. Sélim aurait eu le suicide de sa propre sœur sur la conscience, mais je suis persuadée qu'il aurait encore affirmé que c'était elle, et elle seule, qui était fautive !

Une autre fois, il a découvert que je servais de boîte postale pour les lettres échangées entre une autre de ses sœurs et un garçon qu'elle avait rencontré au camping l'été précédent. À nouveau, il a frappé.

Il a frappé ses sœurs parce qu'elles fréquentaient des garçons, sans être fiancées. C'est-à-dire que ce qu'il faisait avec moi, il le leur refusait, à elles… Je voyais tout cela, je le savais, mais je suis restée avec lui.

Pourquoi ? Pourquoi me suis-je mariée alors qu'il s'était déjà montré méchant, harceleur, violent ? Dans mon entourage, personne ne me comprenait. « T'es maso ou quoi ? », me lançaient mes sœurs, décontenancées et souvent désespérées par mon attitude. C'est l'image qu'on peut avoir des femmes battues : des créatures qui souffrent le martyr, mais restent avec leurs bourreaux même quand elles ont la possibilité de fuir, probablement par une forme obscure de masochisme. C'est évidemment plus compliqué que cela.

Avant de lire des témoignages d'autres femmes battues, avant de comprendre que je n'étais pas la seule à avoir vécu cette incapacité pathologique à partir, à mettre fin à cet enfer, voici ce que je répondais. Je répondais que je l'aimais, follement, dans ma chair. Que je n'avais connu que lui. Je me disais que s'il était violent, c'est qu'il était jaloux, et que c'était donc une preuve d'amour. Oui, c'est idiot. Je me disais qu'une fois marié, il changerait. Oui, c'est idiot. Je l'avais dans la peau, je n'arrivais pas à m'en défaire. Je me suis retrouvée engloutie par le malheur. Et puis, il savait être enveloppant, aimant, il savait se faire pardonner. Voilà ce que je disais.

Depuis, j'ai lu. Depuis, je sais ce que j'étais. Pauvres de nous, les femmes battues ! Non seulement nous sommes frappées au sang et parfois à mort, mais en plus, nous perdons toute capacité à nous rebeller, et donc à nous enfuir. Les choses ne sont pas automatiques. On peut tomber dans cet engrenage sans avoir connu d'enfance traumatisante, sans même être particulièrement vulnérable. C'est la nature même de la relation que ces hommes violents mettent en place qui nous enferme dans un piège. Avant même que les coups commencent, il y a des « micro-violences » – réflexions dévalorisantes, bousculades, pincements, comportements imprévisibles – qui, petit à petit, nous diminuent, nous atteignent au cœur, nous font douter de tout. Quand ils passent à l'étape supérieure, c'est fichu. Marie-France Hirigoyen parle d'un « lavage de cerveau » comparable à ce qui se passe dans une secte. C'est exact. On ne résiste plus, ou alors par à-coups.

Quand il me battait, je me disais que ce devait être de ma faute, même si je ne trouvais rien dans mon comportement pour le justifier. Quand j'arrivais à le mettre dehors, j'étais triste, désemparée et… soulagée qu'il revienne. Je me disais que sa violence était une fatalité et que je n'y pouvais rien. Est venu un moment où je ne distinguais plus ce qui était bon pour moi de ce qui ne l'était pas. Lui ne semblait jamais atteint par la culpabilité, même après m'avoir battue presque à mort ! Alors, comment ne pas douter de soi ? Si, en plus, vous êtes insultée en permanence – les insultes sont parfois pires que les coups –, suivie dans la rue, isolée de votre famille, alors vous perdez les moyens intellectuels de réagir. Vous êtes anéantie.

Je l'étais.

« Plus la maltraitance a été fréquente et grave, et moins la femme a les moyens psychologiques de partir », écrit Marie-France Hirigoyen. C'est la stricte vérité. Il faut du temps pour s'extraire de tout ça. Quant aux bourreaux… Paradoxalement, je crois qu'ils sont aussi un peu piégés par ce qu'ils font subir. Ils sont dépendants de leur propre violence, en quelque sorte. Ils ne peuvent plus s'arrêter. C'est l'impression que me donnait Sélim. Quand il m'insultait, me rabaissait, ses mots étaient choisis et contrôlés. Mais quand il frappait, il semblait parfois dépassé par ses propres gestes.

Et quand il ne m'avait pas battue depuis plusieurs jours, plusieurs semaines, il *fallait* qu'il recommence. Il était en manque.

COMME UN CAUCHEMAR, LA NUIT

Le lundi 12 juin 1989, deux jours après notre mariage à Chavanoz, je suis chez le vieux monsieur dont je m'occupe, en attendant de reprendre l'avion pour l'Algérie et d'organiser la suite des événements – pré-fiançailles, fiançailles, cérémonie religieuse…

La sonnette retentit vers 11 heures. Sur le seuil, Sélim et sa tête des mauvais jours :

« Tu viens avec moi.

- Sélim, je travaille…

- Tu viens tout de suite ».

Je suis en train de préparer le déjeuner. Je laisse tout en plan, et je sors pour discuter. Sélim veut qu'on reparte tout de suite à Guelma, et moi non.

Je ne peux pas lâcher mon emploi comme ça. Mais mon mari-depuis-deux-jours change brutalement de registre.

« Le type qui te paye, là, tu couches avec lui ? »

Je tente de désamorcer tout de suite son nouveau délire.

« Sélim ! Il est en chaise roulante, pratiquement invalide !

- Je ne te crois pas. »

Il me gifle.

« Maintenant, tu viens avec moi ! Tu es ma femme, tu m'obéis ! »

Depuis la maison, le vieil homme demande ce qui se passe. Je prétexte un problème familial, prends mes affaires et promets que je serai de retour le lendemain matin. À peine ai-je mis les pieds sur le trottoir qu'une seconde gifle part, puis un coup derrière la tête, suivi de coups de pied dans les jambes.

« Pute, salope ! Où est l'argent qu'il te donne ? »

Je ressens ce que je m'apprête à ressentir pendant des années encore, pendant ses crises : comme une chute dans le vide, comme un gouffre qui s'ouvre sous les pieds.

Il me secoue, me force à marcher à ses côtés. Puis, lentement, il se calme.
Il exige que je passe la nuit avec lui alors que j'ai prévu de rentrer à Chavanoz voir mes sœurs.

J'ai peur. J'ai raison.

Nous errons dans la ville, à la recherche d'un hôtel bon marché. Et dès que nous entrons dans la chambre, en début de soirée, je reçois des coups de poing, de pied, des claques. Il me frappe, puis passe à autre chose – grignote, regarde la télévision, échange des paroles sans importance – puis recommence à frapper, comme si son besoin n'était pas assouvi. Ce comportement deviendra habituel. C'est terrifiant, parce que je sais que la violence va revenir, mais je ne sais pas quand. Je suis en permanence sur mes gardes, comme une souris survolée par un rapace.

Ensuite, il sort, seul, manger quelque chose.

Je pourrais m'enfuir !
Mille fois !
Je ne le fais pas.

À son retour, il me projette contre le mur, tête en avant. Je tombe par terre, étourdie. Usant d'une posture qui deviendra familière, je replie mes genoux, j'y pose ma tête que je protège avec mes bras en attendant que ça passe. Ses coups sont de moins en moins forts. Il finit par s'agenouiller face à moi, m'insultant copieusement. Il me donne une dernière gifle, en plein sur l'oreille, qui résonne longtemps dans mon crâne.
Je ne bouge pas.

Puis, regardant à travers mes doigts, je le vois allumer une cigarette, s'allonger sur le lit et contempler le plafond. J'attends qu'il vienne m'aider à me redresser, en vain. Je me traîne vers la salle de bains. Dans le miroir, mon visage est écarlate, mon œil gauche gonfle, je saigne du nez. Chaque mouvement me fait mal. Impossible de lever le bras. Je pleure en silence, assise sur le rebord de la baignoire.

La honte, la honte me submerge. Je finis par m'allonger sur le lit, pleine de douleurs, à ses côtés. Il ne dit rien, ne fait rien.

Mardi 13 juin
Je n'ai pas dormi la nuit passée, et c'est à 7 heures que je me suis habillée pour aller travailler. Mais Sélim m'en a empêchée et cette fois ça a été la guerre entre nous. Je ne raconterai pas ce qui s'est passé car ce serait trop long, mais je sais une chose, c'est que plus jamais de la vie je souhaite que ça nous arrive de nouveau. J'essaierai d'oublier et j'oublierai.
PS : J'ai quand même travaillé chez le vieux.

Ce matin-là, après ma douche, quand il comprend que je pars travailler – je veux au moins toucher ma paye – Sélim m'empoigne, m'insulte et me frappe à nouveau. Si je parle de « *guerre* » dans ce petit texte, c'est que cette fois, je réagis. Je lui dis que bien sûr, je suis une « pute », que bien sûr je couche avec tout le monde, mais dans ce cas, pourquoi veut-il vivre avec moi ? Pourquoi ne cherche-t-il pas une autre femme, plus vertueuse ? Par la suite, je me livrerai fréquemment à cet exercice, pour lui démontrer l'absurdité de ses accusations. Peine perdue. Il n'arrive pas à raisonner, à se raisonner. Il répond : « Oui, tu es une pute, mais tu m'as eu, tu m'as piégé ! » Il se voit « prisonnier » de son « amour » pour moi. Un comble !

Je le convaincs que je dois y aller. Je veux annoncer au gentil bonhomme en salopette mon départ pour l'Algérie, plus rapide que prévu. Je passe chez lui deux journées encore, l'occasion de m'éloigner quelques heures de mon bourreau – qui m'accompagne et traîne dans le quartier en attendant le soir, afin que je ne mette pas le nez dehors sans lui.

Là, dans la maison du vieil homme, mon cœur est en feu. Je regrette déjà mon mariage. Je ne veux plus rentrer avec lui en Algérie. Souvent, très souvent, trop souvent pendant toutes ces années, j'aurai conscience de m'enfoncer dans le malheur, mais sans arriver à agir pour en sortir. Sélim et moi sommes mariés. Ce mariage-là n'a pour nous qu'une signification administrative, mais il en a profité pour décréter que je suis sa chose.

Je dis au revoir au vieux monsieur. Il réagit mal. Il est triste. Nous avons passé de bons moments ensemble.

COLÈRE

Quelques jours après mon retour à Guelma, fin juin 1989, la mère de Sélim – « Maman Dabia » – et ses sœurs sont reçues par ma mère à la maison. Sans Sélim et sans moi. Il s'agit d'officialiser la demande en mariage, et de prévoir la fête qui va suivre. Ma mère accepte tout, du bout des lèvres.

Il y a une sorte de pré-demande en mariage. Puis la fête de demande en mariage elle-même. Puis, dans les semaines qui suivent, une cérémonie religieuse, avec un ou deux imams, qui officialise le mariage – mais où ne sont présents que les pères des mariés. Et enfin, les fiançailles et le mariage lui-même… À chaque étape entrent en jeu des questions d'argent et d'organisation, qui créent souvent entre les deux familles des conflits sans fin. Le mariage est un tel enjeu de respectabilité, d'honneur, qu'il dépasse les mariés eux-mêmes !

Une fois tout le monde parti, convocation dans le salon. Visiblement, ça ne va pas du tout. Ma mère est blême. Elle lance, la voix tremblante :

« Qu'est ce que c'est que cette histoire de mariage en France ? »

Je tente une sortie.

« Quel mariage ?

- Tu mérites une bonne raclée ! Je viens d'apprendre de la bouche de ta future belle-mère que tu t'es mariée à Chavanoz ! Alors que Shérazade avait annulé la cérémonie ! Pourquoi ne l'as-tu pas écoutée ? C'était beaucoup trop tôt ! La demande n'était même pas faite !

- Oui, mais maintenant, elle est faite, alors…

- Alors, tu ne vois pas qu'il t'embobine ? Pourquoi était-il si pressé, hein ? Pour avoir une carte de résident en France, même si ça tourne mal entre vous ? »

Je n'ai pas envie de me poser de questions, de voir Sélim comme quelqu'un d'intéressé, de calculateur. Je ne sais pas quoi répondre. Ma mère continue :

« Pour l'instant, je n'ai pas repoussé la demande de sa famille. Mais Sabrina, ton père et moi, nous sommes contre ce mariage. D'abord parce que tu es très jeune ».

Je n'ai pas encore 21 ans.

« Ensuite parce que Sélim ne nous plaît pas. Son sourire est faux. Quelque chose ne va pas chez lui. »

À vrai dire, ma mère ne l'a vu que quelques minutes, par-ci par-là. Mais Sélim face à mes parents est tellement sur la réserve, quasi-muet, qu'il ne les séduit pas. Il est venu voir mon père à l'atelier, sans grand succès. Et Shérazade a dû faire le reste, racontant le peu qu'elle sait de lui, son côté tyrannique, ses coups de fil qui m'ont fait pleurer lors d'un séjour chez elle. Tous ignorent cependant les coups, sa violence.

Mes parents me donnent un peu de temps pour réfléchir. Ils espèrent de tout leur cœur que je le laisserai tomber. Ils n'ont pas beaucoup d'arguments, et ne savent pas à quel point leur pressentiment est fondé ! Sauf que moi, je veux cet homme, ce visage aux yeux verts, mon rêve hollywoodien, mon unique horizon… C'est cela aussi, le piège : dans ce pays, il est très mal vu de fréquenter amicalement des garçons, et évidemment d'avoir plusieurs amoureux successifs avant le mariage. Je n'ai pas la possibilité de comparer, d'hésiter. Et puis, je suis, comme je l'ai dit, hypnotisée.

Alors, malgré l'hostilité de ma famille, malgré les coups, malgré l'inquiétude sourde que je ressens après tout ce qui s'est déjà passé, je me jette la tête la première dans ce qui m'apparaît comme une suite d'événements excitants et romantiques, comme une joyeuse transformation de ma vie…

Je veux y croire. Je veux tellement y croire !

Début août, la cérémonie de demande en mariage a finalement lieu. Je passe les journées précédentes à cuisiner, jusqu'à l'épuisement.

Jeudi 3 août

Aujourd'hui, ça a été une fête formidable pour moi car la famille de Sélim, hommes et femmes, est venue faire la demande en mariage. Sélim et moi avons cassé la pièce montée ensemble et il m'a passé une bague au doigt. J'ai eu de très belles boucles d'oreilles. Nous avons été filmés en cassette vidéo.

Il y a eu un petit malentendu avec ma mère, qui m'a fait beaucoup de peine. La preuve, j'en ai pleuré. À part ça, tout a été réussi. Le mariage sera pour le mois de décembre, Inch'Allah.

Formidable, en effet. Sur la vidéo, il faut voir ma mine crispée, renfrognée… Sélim est plein de rage, ce jour-là. Je ne me sens pas à l'aise et je refuse de danser avec lui. Comme le couteau se fait attendre, il décide d'exploser la pièce montée avec son poing, à plusieurs reprises ! Je suis sidérée. Les invités, très gênés, ne disent rien. Quand le couteau arrive, nous tranchons, ensemble, ce qui reste du gâteau.

Puis, suivant la tradition, il me tend un morceau de nougatine, ainsi qu'à sa mère. Je crois que je dois faire de même avec ma mère. Mais lorsque je lui tends le bout de gâteau, elle repousse vigoureusement ma main. Panique. Que se passe-t-il ? Sa sœur murmure à l'oreille de Sélim, suffisamment fort pour que je l'entende : « Donne un morceau à ta belle-mère, c'est à toi de le faire ! » Il fait « non » de la tête. Deux fois. L'assistance fait mine de ne rien voir.

La cérémonie prend fin et je me retrouve seule face à ma mère, furieuse de cet affront. L'image de Sélim ne s'est pas améliorée à la maison. Je n'ai jamais su pourquoi il avait refusé. Sans doute sent-il l'hostilité sourde de mes parents. Sans doute n'est-il pas assez adulte dans sa tête pour passer au-dessus de tout ça, et pour accomplir ce geste simple.

Et puis, Sélim repart de l'autre côté de la mer pour chercher du travail, de septembre à décembre. La France exige une équivalence de son diplôme en radiologie, équivalence qu'il ne peut obtenir qu'en reprenant des cours. Il n'en a pas le courage. Pendant toute la durée de notre vie commune en France, à Lyon, Sélim ne travaillera presque jamais. Il est vexé de ne pas pouvoir, d'un claquement de doigts, être embauché au service radiologie d'un hôpital. Il n'accepte pas les petits boulots. Celui qui joue les machos, celui qui voulait m'interdire de travailler, vivra longtemps à mes crochets…

Pour l'heure, je ne supporte pas ces mois sans Sélim, cet interminable automne dans l'ennui de Guelma… Je me revois, lui offrant, la larme à l'œil, un parfum Pierre Cardin juste avant son départ. Je me revois tuant le temps au hammam avec deux voisines et amies. Je revois mes leçons de conduite dans les rues de la ville, ratant mes créneaux, oubliant de desserrer le frein à main. Je me revois nettoyant la maison de fond en comble tous les matins, donnant des coups de main réguliers à mon père à l'atelier, pratiquant le crochet des heures durant, devant la télé. Ou encore pétrissant la galette pendant le Ramadan et attendant le courrier. Dans la peine et la monotonie, comme une dame du Moyen-Âge guette le retour de son chevalier !

Tout à coup, courant décembre, Sélim exige mon départ immédiat pour la France. Pour une raison administrative, une histoire de carte de séjour qu'il a peut-être inventée, il faut que je sois là le 27 au plus tard. Lettres, coups de fil à sa mère, laquelle va parlementer avec la mienne… La tension monte. Mes parents sont contre – le mariage religieux n'a toujours pas eu lieu, et leur méfiance grandit. Je plaide pendant des heures auprès de mon père. Je vais mal.

Samedi 9 décembre

Toujours le moral à zéro, je ne parle avec personne et je fais la grève de la faim. C'est gamin à mon âge mais la vérité c'est qu'en ce moment je n'ai pas d'appétit. Il y a trois mois de cela je pesais cinquante-huit kilos, et maintenant j'en suis à cinquante-trois [...] J'ai encore reçu une lettre de mon amour. Il m'appelle lundi et je ne sais pas comment je vais lui dire que je ne peux pas venir.

Et alors que j'ai fini par convaincre mon père, et par acheter un billet d'avion pour le 24 décembre, en rassemblant péniblement l'argent nécessaire, Sélim me fait savoir par une de ses sœurs que je peux rester où je suis ! Qu'il n'a plus besoin de moi, que les choses ont trop traîné ! C'est tout lui. Faire mal pour faire mal.

Nous finissons par nous réconcilier – toujours ce chaud et froid. Nous passons même un bon séjour en France, entre Lyon et Paris. Emplettes, fêtes et recherche d'emploi. Notre installation en France se fait d'une manière aléatoire, décousue. Nous sommes en décembre 1989, nous nous marierons en septembre 1991, mais nous ne quitterons définitivement l'Algérie qu'en 1992 ! Les raisons de cet invraisemblable calendrier ? Sélim est incapable d'épargner le moindre sou de son salaire à l'hôpital pour organiser le mariage. Il repousse sans arrêt l'échéance. Il tergiverse. Il change d'avis. Il m'annonce qu'il me quitte, puis il revient. Bien sûr, il me frappe.

Il me rend folle, au sens propre du mot.

D'août à janvier 1989, Sélim séjourne en France pour chercher du travail – en vain. Depuis Guelma, courant novembre, je lui écris cette lettre énamourée.

Mon très cher Amour.

C'est pour moi une joie immense de t'écrire cette lettre, en espérant que tu vas bien moralement et physiquement. Mon chéri, en tout et pour tout j'ai reçu treize lettres de toi que je lis et relis chaque jour et j'éprouve toujours de la joie en les lisant.

Chéri, tu sais que je t'aime, n'est-ce pas, et tu sais aussi que tu es toujours dans mes pensées, nuit et jour. Je dois t'avouer que je rêve beaucoup de toi, je rêve de choses merveilleuses à propos de nous deux, et je sais que bientôt mes rêves se réaliseront.

Ce jour-là mon amour, nous serons le couple le plus heureux.

Tu veux que je te parle un peu de moi ? À vrai dire je n'ai pas grand-chose à raconter, car c'est toujours la même routine : le matin c'est le ménage, et l'après-midi je reste à la maison ou je vais voir Maman Dabia. Mon père me ramène du travail que j'effectue à la maison. Il fait encore chaud et nous faisons sécher les rosaces sur la terrasse. Je passe des après-midi entiers sur la terrasse à faire ce qu'il y a à faire mais quoi que je fasse, Sélim, tu es toujours avec moi.

[…]

Pauvre Sabrina, elle est follement amoureuse de toi, et toi tu l'as laissée toute seule et tu es parti… Je n'avais que toi ici, mon amour. Tu étais ma seule raison de vivre ici. Maintenant que tu es parti, tu m'as laissée avec mes souvenirs et mes rêves, mais je ne t'en veux pas, tu es parti pour notre avenir…

[…]

Tout de toi me manque chéri, tes baisers, tes conversations avec moi et même tes disputes, ha ha ha !

Ça te fait rire, moi aussi, je t'imagine en train de rire avec tes beaux yeux pleins d'éclat et pleins de vie.

[...]

Je veux réussir [mon permis de conduire] *mon amour, pour toi d'abord et moi ensuite. Comme ça, à l'avenir, quand on aura notre voiture et que tu seras fatigué de conduire, ta chère femme se fera l'honneur de te remplacer.* »

Le brouillon de la lettre, griffonné dans les pages de garde d'un agenda à couverture noire, s'arrête là. Notez que je prétends travailler à la maison. En fait, je vais souvent dans l'entreprise de Papa. Mais il ne faut pas le dire à Sélim, qui déteste l'idée que je puisse côtoyer les salariés de mon père – on ne sait jamais...

Cette lettre ressemble à l'idée que Sélim veut se faire de moi : une petite femme amoureuse et cloîtrée.

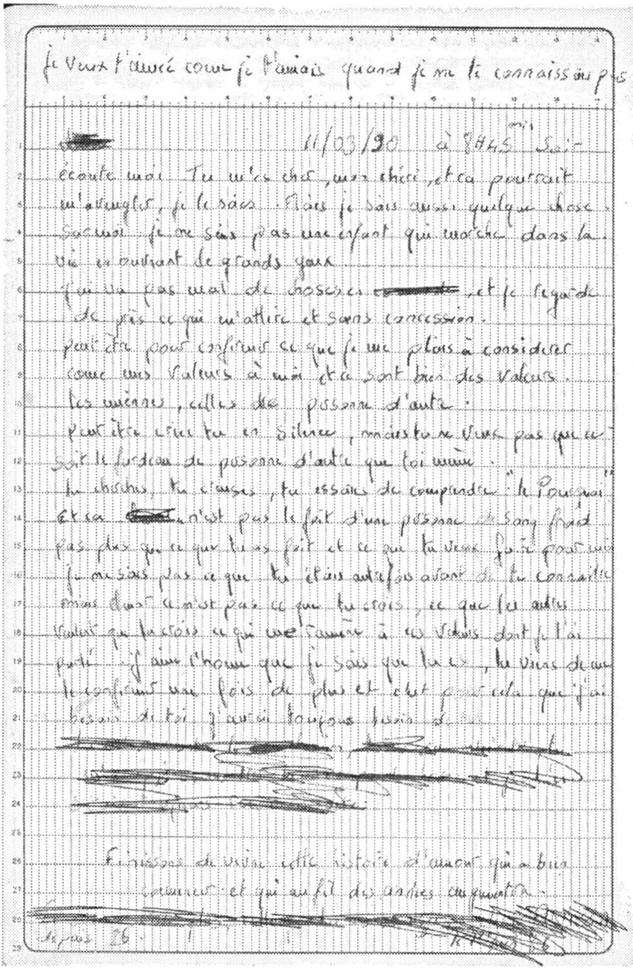

je veux t'aimer comme je t'aimais quand je ne te connaissais pas

[redacted] 11/03/90 à 8h45 soir

écoute moi. Tu m'es cher, mon chéri, et ça pourrait m'aveugler, je le sais. Mais je sais aussi quelque chose sur moi je ne suis pas une enfant qui marche dans la vie en ouvrant de grands yeux
qui va pas mal de choses [redacted], et je regarde de près ce qui m'attire et sans concession.
peut être pour confirmer ce que je me plais à considérer comme mes valeurs à moi et ce sont bien des valeurs.
les miennes, celles de personne d'autre.
peut être crois tu en silence, mais est-tu ne veux pas que ce soit le fardeau de personne d'autre que toi même.
tu cherches, tu creuses, tu essaies de comprendre "le pourquoi"
et ça [redacted] n'est pas le fait d'une personne de sang froid
pas plus que ce que tu as fait et ce que tu veux faire pour moi
je ne sais pas ce que tu étais autrefois avant de te connaître
mais dis-toi ce n'est pas ce que tu crois, ce que les autres veulent que tu crois ce qui me ramène à ces valeurs dont je t'ai parlé. j'aime l'homme que je sais que tu es, tu viens de me le confirmer une fois de plus et c'est pour cela que j'ai besoin de toi j'aurai toujours besoin de [illegible]

[redacted]

Finissons de vivre cette histoire d'amour qui a bien commencé et qui au fil des années [illegible]

[redacted]

« J'aime l'homme que je sais que tu es ». Un brouillon de lettre à Sélim. À l'époque où je pensais encore qu'il allait « changer ».

ABANDONNÉE

C'est triste, oui, je sais. Vous vous demandez ce qui pouvait bien me retenir. Si c'était un long tunnel, ou s'il y avait des éclaircies. Bien sûr qu'il y en avait ! C'est ainsi qu'il me tenait... Il y avait toujours la perspective que ça s'arrangerait. Après la tempête, je pouvais espérer un printemps de baisers, de promesses et de moments doux. Je l'ai dit, il savait être compréhensif, à l'écoute. Docteur Jekyll et Mister Hide. Telle que j'étais devenue, et parce qu'il m'avait traitée de telle manière que j'avais perdu totalement confiance en moi, la moindre tendresse m'apparaissait comme un nirvana effaçant tous les coups...

25 février 1990

Le cœur battant la chamade, je suis allée chez Sélim et nous avons passé l'après-midi à discuter de lui et de moi, des sentiments que l'on éprouvait. À un moment donné on a été attirés l'un vers l'autre, malheureusement nos ébats ont été interrompus, on était sans arrêt dérangés [...] Et le téléphone sonnait toutes les deux minutes [...] le flirt de quelques minutes à la sauvette et la peur d'être pris en flagrant délit...

Sélim, pourtant si soucieux de ma vertu, m'emmène plusieurs fois passer quelques heures ou une nuit à l'hôtel. En cachette. À la station thermale du hammam Meskhoutine, par exemple. Il suffit que je dise à ma mère : « Je vais au hammam ». Un taxi, et hop, nous réservons une chambre, prenons la clé et des serviettes, allons chacun de notre côté (ce n'est pas mixte) dans les bains à remous et autres soins, et nous nous retrouvons ensuite pour quelques heures câlines, souvent délicieuses, dans une chambre. Nous nous aimons, nous nous étreignons, mais conserver ma virginité est impératif, et j'y parviens ! Sous divers prétextes – d'aimables femmes de ma famille me « couvrent », affirmant à mes parents que je suis chez elles – j'arrive parfois à m'échapper pour une nuit à Constantine ou Annaba, les grandes villes de l'Est. Dans ces circonstances, il est rare que Sélim m'accable des reproches divers et farfelus dont il a l'habitude. Ou qu'il me frappe. Non, je trouve dans ces moments-là, brûlants et vertigineux, mille raisons de poursuivre ma vie avec lui. Il n'est pourtant ni très tendre, ni très démonstratif, mais à l'époque, je n'ai pas la possibilité de comparer. La plus insignifiante caresse ressemble à du miel.

Hélas, ces heures volées ne sont que des parenthèses. Entre mars 1990 et mon mariage en septembre 1991, je traverse des crises très dures. Le comble est que je sais analyser mon propre comportement, je me vois clairement en jeune femme piégée, sous influence, mais pas au point de puiser dans cette lucidité la force de le quitter.

C'est pourtant le moment ou jamais. Sélim souffle le chaud et le froid et m'annonce régulièrement notre rupture. Tout à coup, sur un coup de tête, notre amour passe aux oubliettes. Fini. Jours sinistres, mon âme au supplice. Petits mots transportés par Nina d'une maison à l'autre. À la mi-février 1991, par exemple, il me rejette violemment, en déclarant que c'est terminé, après m'avoir flanqué une claque, en ville, devant tout le monde.

La raison ? Il est énervé parce que sa sœur (pas moi, sa sœur !) est sortie sans demander son autorisation… Je conclus même le récit de cette journée en griffonnant cette phrase : « *Ou je suis folle, ou bien je vais le devenir* ».

En mars, il menace à nouveau de me quitter. Ne me demandez pas pourquoi, les prétextes étaient si invraisemblables que je ne les ai pas retenus. Il a besoin de ce psychodrame permanent, de ma douleur, il a besoin d'exercer son pouvoir. J'ai la faiblesse de lui dire combien ma peur de le perdre est immense, et il s'engouffre dans cette faille, pour me blesser encore davantage, si c'est possible.

« *Je deviens pire qu'une esclave, en me jetant à ses pieds, mais moi c'est mon cœur qui me guide. J'espère qu'il viendra demain, Inch'Allah… Je n'en peux plus, Sélim chéri, je suis à bout, si tu me voyais maintenant, je fais vraiment pitié.* » (6 mars)

Je pousse ma propre humiliation très loin. Une performance. Armée de courage, je me rends chez lui, plusieurs jours de suite, espérant lui arracher quelques minutes de discussion. Mais devant sa famille, en quelques mots, il me met plus bas que terre et disparaît. Et sa mère de me demander des explications ! Je suis incapable de répondre.

Qu'ai-je commis d'irréparable ? J'ai beau chercher, je ne trouve pas. Le même genre de scènes se produit à son hôpital où je vais plusieurs fois pour quêter un regard, un semblant d'attention.

9 mars 1990
Dans la maison aujourd'hui, j'étais comme une droguée à tourner en rond, cassant tout en cherchant ma drogue. Hélas, je n'en ai pas, car ma drogue c'est Sélim et je ne peux plus m'en passer [...] Mon Dieu, viens à mon secours !

C'est dans ce contexte que je me fiance, chez moi, le 23 août 1990. L'occasion de me réconcilier momentanément avec la vie. La perspective de cette deuxième cérémonie – après la demande en mariage – rend le bonheur, une fois encore, possible. Il est envisageable d'être heureuse avec Sélim, me dis-je.

L'espace de quelques heures, tout concourt à cette illusion. Comme c'est agréable d'être dans une chambre, entourée de femmes qui papillonnent autour de moi pour me rendre plus belle, ajustent mon maquillage et ma coiffure – je suis passée le matin chez l'esthéticienne, la coiffeuse, et au hammam – m'aident à changer de robe au fur et à mesure que la soirée avance. Comme c'est excitant de voir tout ce monde festoyer, les hommes sur la terrasse, buvant du café et dansant au son de l'orchestre traditionnel, les femmes riant et chantant dans la salle à manger. Comme c'est impressionnant d'être assise dans ce fauteuil en cuir rouge, au beau milieu de l'assemblée, tandis qu'une vieille femme applique le henné sur mes paumes, suivant la coutume.

Et comme c'est bon de voir enfin arriver mon Sélim, en nœud papillon, me passer la bague au doigt et se poser à mes côtés sur un autre fauteuil ! Sur la cassette vidéo, je suis pourtant tétanisée, je n'ose pas bouger la tête de peur que ma coiffure s'écroule. Quant à Sélim, il flotte dans un costume trop large.

Encore une fois, Sélim est terriblement tendu. Pourquoi ? Est-ce qu'il se fiance à regret ? Ou est-ce qu'il est juste perpétuellement insatisfait ? Ou simplement immature et colérique, au point de ne pas savoir s'adapter à cette situation festive, mais pesante ? Encore une fois, il s'énerve sur la pièce montée. Une véritable manie ! Il la met littéralement en pièces. Sur la cassette, mon visage prend dix ans d'un seul coup. Je suis effondrée. Dans l'assistance, cette fois, on rit : certains pour masquer leur gêne, d'autres, plus jeunes, parce qu'ils trouvent ça amusant… Et l'orchestre reprend. Sélim danse, encore une fois, je ne veux pas, et je contemple la fête jusqu'à 3 heures du matin. Je suis heureuse que notre amour débouche sur quelque chose de concret qui va nous permettre un jour de vivre ensemble, mais très angoissée par cet homme au comportement imprévisible.

Déjà, je m'habitue au malheur.

ET MON CORPS SE MET À PARLER

C'est à cette période, entre mes fiançailles et mon mariage, que je connais des épisodes de perte de conscience… qui étaient, jusqu'à il y a peu, sortis de ma mémoire. Je les avais tout bonnement oubliés. Nina me les a récemment rappelés. C'est spectaculaire. Comment ai-je pu les enfouir à ce point au fond de moi ?

Si ma vie à la maison avant mon mariage est mortellement ennuyeuse, remplie d'obligations domestiques – la galette à pétrir, les légumes à éplucher pour la chôrba, le ménage permanent et minutieux –, elle est pimentée par le cycle infernal des disputes et des réconciliations avec Sélim. J'attends une cérémonie qui ne vient pas, puisque mon futur mari traîne à la mettre en route. Heureusement, je me change les idées en travaillant dans la société de mon père, mais Sélim trouve le moyen de me hurler dessus quand il découvre que je passe certains moments de la journée seule dans l'entreprise avec les salariés, quand mon père part en livraisons. Début décembre, je rends visite à une tante sans son autorisation. Je suis punie.

« *Au cas où personne ne le saurait, je suis une folle. Car accepter des coups brutaux pendant deux heures, et le rejet de celui qu'on aime, et s'accrocher à ses bras, c'est de la folie. Eh oui, Sabrina est devenue folle.* » (7 décembre)

Toujours cette horrible lucidité. Horrible, et surtout inutile.

Je travaille pendant quelque temps chez une couturière, mais le salaire est bien plus bas que promis et mes protestations ne plaisent pas. Je suis mise dehors. Dans certaines circonstances, la Sabrina d'antan, la bagarreuse, se fait toujours entendre !

Au début de l'année 1991, après une paire de claques, j'ai plusieurs malaises, successifs. Sélim m'a une fois de plus annoncé qu'il ne voulait plus se marier avec moi – il prétend avoir croisé des garçons qui lui auraient dit que je n'étais plus vierge… Il m'a mise à bout, avant de me frapper. Ma mère m'emmène aux urgences où on me fait une injection de calcibronate, un calmant. Et là, stupéfaction. Je suis allongée sur le lit, échangeant quelques mots avec mes pauvres parents accablés, quand je vois débarquer Sélim. Il m'a aperçue depuis son service de radiologie.

Mon cœur. Mon pauvre cœur qui bat. Mon petit cœur qui espère des excuses, des mots réconfortants, une caresse, un regard.

Mais quand mes parents et Nina quittent le box pour rendre visite à une tante hospitalisée à l'étage, mon fiancé aux yeux verts ne prononce pas les mots que j'attendais.

« Tu es contente ?

- Pardon ?

- Tu es contente de ta petite comédie ? Qu'est-ce que c'est que ce cinéma ? Tu crois que c'est amusant, tes évanouissements ? Tu as vu dans quel état tu mets tes parents, pour trois fois rien ? »

Et le lendemain, alors que je pars chez un cardiologue, Sélim m'accuse, dans la rue, de me rendre chez un garçon. Comme ça. Gratuitement. Ensuite, il me gifle. Devant tout le monde.

Évidemment, j'arrive chez le médecin dans un état lamentable. Diagnostic : « Angoisse ». Dans l'après-midi, mon fiancé aux yeux verts fait savoir à ma mère qu'il ne veut plus de moi. Dans les semaines qui suivent, il m'accuse d'avoir couché avec les surveillants de l'hôpital, de m'être remise à fumer – j'avais pourtant arrêté pour ses beaux yeux verts –, avec une dizaine de claques à l'appui. Il me traite de « droguée », de « salope », de « putain »… Pour l'amadouer, je dois faire un nouveau certificat de virginité.

Entre chaque crise, il y a des bons moments. Le 8 avril, par exemple, Sélim n'est autre que « *mon grand bébé que j'adore* ». C'est écrit noir sur blanc dans mon journal.

Mais fin avril, après avoir passé l'après-midi à entendre de sa bouche que j'étais « la pute de tout le monde », il me fait passer une lettre pleine d'insultes. Je décide alors de mettre fin à mes jours. Je me persuade que j'en suis capable. Je griffonne : « *Adieu à tous, je vous aime très fort* – et là, kyrielle de prénoms, famille et amis – *et vous mes chers parents je vous aime* ».

J'ajoute : « *Si demain mardi 23 avril, je n'ai pas écrit, c'est qu'il me sera arrivé quelque chose de grave. Je vais même écrire une lettre à Sélim qu'il lira après ce qui pourra m'arriver. Bonsoir mon amour, je t'ai aimé d'un amour fou* ».

Finalement, plutôt que de me suicider, je choisis d'enregistrer une cassette audio pour Sélim. Deux heures trente pour vider mon sac. Je suis incapable de me souvenir du contenu de cette cassette. La mémoire de ces quelques jours ne m'est revenue qu'en relisant mon journal - pardonnez-moi s'il manque des détails et des explications. Je ne sais plus. C'est flou, c'est le noir.

La nuit suivante, les cauchemars me font tomber de mon lit – foulure au poignet. La nuit d'après, je rêve que mes frères et sœurs aînés sont venus de France mais que la maison est en feu. La troisième nuit, vertiges et nausées. Le jour, j'essaie d'amadouer Sélim, rendu furieux par ma cassette. Il me met à la porte – de chez lui ou de l'hôpital, quand je vais le voir. Je reçois encore une claque. Devant ma mère !

Quelques nuits plus tard, je repars aux urgences parce que je n'arrive pas à respirer, et je perds conscience. On m'injecte à nouveau du calcibronate, mais comme je n'arrive pas à émerger, les médecins me placent dans une chambre d'isolement avec oxygène. Mon journal ne mentionne que deux hospitalisations de ce type. Nina, pourtant, a en mémoire une dizaine d'hospitalisations ! La vérité doit être entre les deux.

Mes crises impressionnent beaucoup ma petite sœur. Elle a entre 10 et 11 ans, elle vit de très près mon histoire avec Sélim. Elle me racontera plus tard : « Je crois que tu faisais de la spasmophilie. Après une dispute avec Sélim, il t'arrivait de sombrer dans une sorte d'inconscience. Tes membres devenaient rigides. Comme tu ne nous disais rien de tes soucis, c'est ton corps qui parlait. On t'appelait pour un repas et tu n'arrivais pas. On entendait des pleurs la nuit. Alors on entrait dans ta chambre et on te trouvait allongée sur le lit, dans un drôle d'état. Soit tu pleurais, soit tu avais les yeux fermés, mais tu ne nous répondais pas. Je me souviens de tes bras raidis, en flexion, posés sur ton torse. Je restais à la maison et les parents, dévorés d'inquiétude, t'emmenaient à l'hôpital ».

Le jour où Nina m'a dit ça, je me suis subitement revue tétanisée, incapable de bouger et de parler. Et je me suis souvenue, comme un flash, de ce médecin qui me pinçait et me donnait des petits coups sur les genoux pour évaluer mes réflexes. Il me disait : « Vous avez subi un choc, mademoiselle. »

Un choc, oui. C'est le mot.

MA PAUVRE NUIT DE NOCES

Le mariage, enfin ! Le vrai, le traditionnel, celui qui va nous permettre de quitter nos parents respectifs, celui qui nous autorisera à vivre ensemble, à faire l'amour, à avoir des enfants ! Cet événement qui a tant tardé – six ans que nous nous connaissons, cinq ans que nous nous fréquentons – et qui va, comme les précédentes cérémonies, effacer pendant quelques heures le doute et la douleur…

L'affaire commence par un conflit. Ma dot est bien maigre. Quelle que soit l'origine sociale du futur mari, la tradition de la dot veut que sa famille fournisse à la fiancée une somme d'argent pour préparer le trousseau – lit, matelas, draps, tapis… – et offre des bijoux en or – anneaux, ceintures, bracelets… La mère de Sélim prétend être trop modeste pour ça. Je me contente donc d'un petit trousseau, et d'un collier. Ma mère est furieuse. Elle sait que certains hommes de cette famille sont plutôt fortunés, et qu'ils pourraient, comme cela arrive souvent, mettre un peu d'argent. Elle a l'impression de brader sa fille. Elle n'a pas tort.

Moi, je m'en fiche. Je suis amoureuse, prête à me marier pieds nus sous une tente. En bonne Française, ce matérialisme étroit et un peu archaïque m'énerve. Cette tradition de la dot est parfois destructrice. De nombreux jeunes Algériens renoncent même à épouser la fille qu'ils aiment par manque d'argent. Et ces pauvres bougres végètent toute leur vie chez leurs parents…

Je m'installe, parée de ma robe blanche immaculée achetée en France, somptueusement coiffée, dans la première voiture du cortège. Toute ma famille pleure – c'est une tradition, ça aussi : ils me perdent.

La cérémonie religieuse strictement dite a eu lieu quelques mois auparavant, entre les hommes de la famille. Reste à faire la fête. Nous nous sommes rendus, dans les klaxons et les youyous, dans un nouveau quartier, à trois kilomètres de la ville, où poussent les villas. Le cortège s'arrête devant la maison que la sœur de Sélim et son mari, les « riches » de la famille, font construire au-dessus du hammam qu'ils exploitent.

C'est l'endroit où nous allons vivre nos premiers mois de jeunes mariés, avant le départ pour Lyon. C'est une chance, c'est aussi ce qui permet ce mariage : pouvoir vivre ensemble ailleurs que chez nos parents respectifs.

Pour l'heure, je suis assise sur un canapé. Seule, avec ma coiffure embarrassante et mes habits de cérémonie. Stop, on ne bouge plus. Une jolie poupée immobile. Pendant des heures. Là aussi, une femme vient me mettre du henné sur les mains pendant que l'assemblée entonne des chants. Et là aussi, la cassette vidéo me montre pétrifiée.

Heureusement, les femmes des deux familles viennent me parler à tour de rôle. Puis ils dansent, s'amusent. Sélim, enfin, vient me chercher. C'est LE moment. Celui où, dans la maison d'une de ses sœurs, nous devons « consommer » notre mariage. Consommer, quel mot horrible… Il n'a jamais été aussi approprié que cette nuit-là.

Pauvres de nous ! Dans la chambre, deux matelas ont été sommairement assemblés, avec un vague drap. D'abord, je me love dans les bras de Sélim que je n'ai presque pas vu de la soirée, Dieu qu'il est beau, Dieu que mon cœur bat… Et puis, il commence à vouloir ôter ma robe. Sans succès, fermeture coincée, je m'y mets à mon tour. Nous sommes désarçonnés, très loin des tendres moments passés dans les petites chambres d'hôtel. Nous nous y prenons mal. Tous les quarts d'heure, des convives viennent joyeusement frapper à la fenêtre, histoire de prendre des nouvelles… C'est d'un glauque ! Nous commençons à nous étreindre. Rien ne marche. Ce que Sélim tente me fait mal. À un moment, je lui dis même : « Écoute, tu me fais mal, arrêtons-nous là, tant pis, on fera ça une autre fois ».

Mais évidemment, c'est impossible, il faut produire la fameuse preuve de ma virginité : la tache de sang sur le drap. La nuit de noces, ce n'est pas facultatif dans les pays musulmans, c'est une obligation déplaisante, avec preuve à l'appui…

Nous finissons par faire l'amour. Sans aucun plaisir comme on l'imagine. Puis, nous restons allongés l'un à côté de l'autre, silencieux. Enfin, je m'habille, et je frotte ma combinaison sur le drap, où s'étale la petite tache de sang décisive. À l'aube, les noceurs reviennent et Sélim brandit victorieusement la nuisette tachée – grands cris et youyous. Elle est accrochée sur un mur de la maison, à la vue de tous. Le père de Sélim me félicite.

Je me suis mariée vierge, et c'est tout ce qui compte.

Cette nuit de noces m'a traumatisée. Quelle terrible idée que de venir frapper à la porte de jeunes mariés, en ricanant, pour savoir où ils en sont ! J'ai vécu cette intrusion répétée – le mot peut paraître fort, mais il reflète exactement ce que je ressens – comme un viol collectif. Comme si ces garçons se trouvaient en fait dans la chambre. Quant à l'exhibition de la combinaison tachée de sang, c'est barbare. Si j'avais une fille et qu'elle se marie, jamais je ne la contraindrais à faire une chose pareille.

Mais au moment précis où tout cela se déroule, je suis comme une automate qui fait ce qu'on attend d'elle. Oui, je ressens du dépit et de la tristesse, oui, je regrette qu'une nuit qui devait être magique soit aussi minable, mais je ne remets rien en cause.

C'est comme ça.

Et en l'occurrence, cette fois, Sélim n'y est pas pour grand-chose.

COMMENT RATER UN VOYAGE DE NOCES

Le surlendemain, nous partons en voyage de noces. Quinze jours à Sousse, en Tunisie, une grande ville portuaire avec de longues plages de sable blanc. Sousse est à trois cent trente kilomètres de Guelma.

Alléchant, n'est-ce pas ?

Mais de la même manière qu'il n'a pas su épargner de l'argent pour organiser un joli mariage, ce garçon, qui touche un salaire tous les mois et vit encore chez ses parents, n'a pas mis un sou de côté pour cette échappée tunisienne. Ce qui me frappe, finalement, c'est que pendant ce voyage, un voyage d'amour par définition, il n'a même pas essayé de jouer à l'homme charmant et sentimental qu'il pouvait être quelquefois. Il n'a pas essayé de se faire mousser auprès de moi, n'a pas fait des pieds et des mains pour trouver quelques dinars et nous offrir un séjour agréable. Il n'a pas eu ne serait-ce que cet orgueil-là.

Ou peut-être a-t-il pensé que, puisque que j'étais désormais, et complètement, sa femme, il n'avait plus besoin de faire d'efforts ? Mais quel plaisir a-t-il pu retirer d'un tel ratage ?

Pour commencer, nous partons en train de marchandises. Parce que c'est moins cher. Il m'avait pourtant parlé d'un trajet en avion. Et j'ai revêtu un joli tailleur blanc, un chapeau à voilette… En plus d'être inconfortable, le voyage est, bien entendu, interminable, et Sélim brille par son indifférence et son absence de petites attentions. Ce n'est qu'un début.

Le croirez-vous ? En guise de chambre d'hôtel – nous en avons connu pourtant, les années précédentes, de tendres moments dans les hôtels de la côte – nous sommes logés chez la grand-mère, aveugle et nonagénaire, d'un ami de Sélim ! Elle est pliée en deux par l'âge. Elle habite une maison étroite du vieux Sousse, tout près des plages, et nous laisse une minuscule chambrette. Après une indispensable douche, Sélim et moi partons au bord de l'eau manger des sandwiches, au coucher du soleil. Puis nous empruntons une calèche qui nous promène le long de la mer. À ce moment précis, je me sens heureuse, enfin récompensée de ma constance amoureuse. Rapidement, le souvenir du voyage s'estompe. Mon cœur est léger.

Ça ne dure pas. Nous nous rendons tous les deux aux toilettes d'un bar-restaurant pendant que le cocher patiente sur la promenade. Quand j'en ressors quelques minutes plus tard, Sélim m'attend juste derrière la porte. Le Sélim qui fait peur. Celui avec les yeux remplis de soupçons et de haine.

« Mais qu'est ce que tu as fait pendant tout ce temps ?
- Eh bien, j'étais aux toilettes…
- Tu as fumé, c'est ça ?
- Mais non, bien sûr que non, j'étais…
- Tu mens ! »

Sa main se lève.
Je pense : « Non ! Pas aujourd'hui, pas ce soir, pas pendant le voyage de noces ! » Et puis la Peur, ma nouvelle compagne, s'invite au voyage.

Je me précipite en direction de la calèche. Mais au fond, je n'espère même pas me protéger. Je veux surtout cacher mon sort aux yeux des promeneurs et des touristes, ces gens détendus et souriants qui profitent d'une délicieuse fin de journée, et pour qui la vie n'est pas un tunnel de souffrances et d'angoisses. D'une certaine manière, je cours vers la calèche pour que Sélim puisse me tabasser tranquillement, *à l'abri des regards* ! C'est surtout la honte, l'anticipation de cette honte à venir, qui me fait courir. La honte est, avec la peur, la compagne la plus tenace des femmes battues. Les deux vont d'ailleurs ensemble : une femme qui n'a plus honte de ce que lui fait subir son bourreau est bientôt assez courageuse pour s'enfuir.

À cet instant, je n'en suis pas là. Pas du tout.

Sélim a en main mon appareil photo. Il le prend par la lanière.

Lui, tellement à cheval sur les questions d'honneur, se fiche du regard des autres. Il est sûr d'être dans son bon droit, et rien ni personne ne pourra l'arrêter. Avant même que je monte dans la calèche, il me rattrape. Plusieurs fois, il me frappe au visage avec l'appareil photo, l'appareil censé immortaliser les débuts radieux de notre mariage. Quel symbole !

Des passants s'arrêtent et regardent la scène. Mais sans rien dire, sans bouger ! Comme si c'était le tournage d'un film. Le cocher fait très bien celui qui n'a rien vu, attendant patiemment que ses clients veuillent bien réembarquer.

Je m'enfuis vers la plage, mais Sélim me tombe dessus et me roue de coups. Je me relève, je cours à nouveau, et à nouveau je suis rattrapée et tabassée. L'impunité de Sélim est absolue. Et comme il me crie « Sale pute ! Connasse ! », certains des hommes présents doivent se rassurer en pensant que c'est la stricte vérité... Il n'y a pas de fumée sans feu, n'est-ce pas ?

Cette absence de réactions dans la rue, je la retrouverai plus tard, de l'autre côté de la Méditerranée, dans un pays où les droits des femmes sont pourtant en général respectés. Aujourd'hui, vous pouvez me croire, j'interviens quand une femme se fait insulter dans la rue, et tant pis si j'en prends pour mon grade.

Sélim m'empoigne.

« On rentre ! », m'ordonne-t-il.

Là, à cet instant précis, je veux revenir à Guelma en courant et me jeter dans les bras de ma mère, lui dire qu'elle a eu raison de se méfier de lui. Mais je le suis, et je passe les quatre jours suivants dans la maison de la vieille, bleuie, meurtrie, incapable de manger autre chose que les yaourts que Sélim m'apporte de temps en temps. Il n'exprime, bien sûr, aucun remords. La honte et les marques de coups me dissuadent de voir un médecin et je reste seule, dans ma douleur et dans ma solitude. Face à Sélim, je me tais.

La vieille femme ne remarque rien.

Et puis, les traces s'atténuent sur mon visage. Nous allons nous baigner. Je veux revivre, je veux bronzer. Et là, scène classique dans la vie d'un jeune couple algérien. Rien de très grave, surtout en comparaison de ce que je viens de vivre. Nous installons les serviettes sur le sable et je commence à enlever le paréo noué sur mon maillot de bain, quand il me souffle :

« Qu'est-ce que tu fais ? Rhabille-toi immédiatement !

- Mais je ne me déshabille pas ! J'enlève seulement mon paréo… J'ai envie de me faire bronzer.

- Rhabille-toi.

- Sélim, je suis en maillot de bain !

- Justement ! Personne d'autre que moi n'a le droit de voir ton corps.

- Mais à Annaba, l'année dernière, j'étais comme ça et tu ne m'as rien dit…

- Tu n'étais pas religieusement ma femme. C'est comme ça et on ne discute pas. »

Finalement, nous trouvons une petite crique déserte. Et je peux ôter mon paréo et exposer au soleil ce corps qui a besoin d'être requinqué. Je décide de bien prendre les choses.

C'est ça, ou les coups.

CLOÎTRÉE

À la fin de septembre 1991, je commence une nouvelle vie, ma vie de femme mariée, au premier étage de cette maison spacieuse, la future maison de ma belle-sœur, Leïla. Elle n'est pas finie, mais elle me convient. Au rez-de-chaussée, le hammam, où travaille le couple. Au premier étage, le seul terminé à ce moment-là, un véritable appartement : double salon, cuisine, toilettes et salle de bains, deux chambres, et deux grandes terrasses. Je l'ai aménagé simplement, avec nos quelques meubles.

Bon, il n'y a ni cuisinière – j'utilise un réchaud, à l'ancienne –, ni eau courante. Mais ce n'est pas un souci. Non, le souci, c'est que je suis cloîtrée. Au sens strict du terme.

D'abord, Sélim m'a interdit de travailler à la préfecture, où j'ai pourtant la possibilité de décrocher un poste. Cet emploi m'aurait au moins permis de prendre l'air, et peut-être de réaliser que des femmes, mes collègues de bureau, étaient mariées à des hommes qui ne les traitaient pas de cette manière. Que ma situation était intolérable. Mais cette découverte est interdite.

Ensuite, quand il part travailler à l'hôpital, Sélim m'enferme à clé. Tout simplement. Je proteste :

« Et s'il y a un incendie ? Et si je me fais mal ? Il n'y a même pas de téléphone !

- Tu penses toujours au pire », réplique-t-il.

Et c'est tout.

Je ne fais jamais les courses, je ne mets pas le nez dehors, sauf accompagnée. Je m'ennuie prodigieusement. La télévision ? Sans parabole, je n'ai accès qu'aux chaînes algériennes, arabophones, en arabe littéraire en plus, autant dire que je ne comprends presque rien. Je passe mes journées à dévorer des livres. Des livres qui me laissent entrevoir qu'un autre amour est possible. Des romans de la collection Harlequin. La revue *Nous Deux*, avec les romans-photos en couleur que j'adore. Agatha Christie. Les histoires vraies de Pierre Bellemare. Je n'arrête pas de lire pendant cette période, avidement.

J'ai à peine besoin de faire la cuisine. Quand il arrive, Sélim a, souvent, déjà dîné. À vrai dire, notre vie à deux ne l'intéresse pas du tout. Je suis sa chose, bien à l'abri, et cela semble lui suffire.

Le seul endroit où j'ai le droit de me rendre, c'est le hammam de sa sœur, au rez-de-chaussée. Je descends, pour un simple bain, ou pour des soins plus complets. Je me fais masser. J'essaie de me dérouiller, de pratiquer des étirements, moi qui ne bouge plus du tout. Je n'entre pas en conversation avec les femmes du quartier qui sont là, elles commèrent, elles m'énervent. Je n'ai pas grand-chose à partager avec la sœur de Sélim, qui, finalement, est ma geôlière. Impossible de lui confier à quel point je suis malheureuse avec son frère…

Parfois, elle me propose de profiter du hammam quand il est fermé. Je suis seule dans les vapeurs et les fontaines. C'est étrange et plaisant.

Mes seules visites sont celles de la mère et des sœurs de Sélim, qui viennent dormir à la maison et profiter du hammam. Mais pour me rendre chez mes parents à moi, c'est une autre histoire ! Après la fermeture, je suis parfois autorisée à partager le taxi que Leïla prend pour rentrer à Guelma. Je passe une tête dans leur famille, pour dire bonjour, puis je me précipite chez mes parents. Je ne retourne jamais seule à la maison – Sélim vient me chercher.

C'est fou quand j'y repense. Je suis Française, et je me retrouve cloîtrée comme dans un harem du siècle dernier ! La liberté n'est pas un vaccin : même si vous n'avez connu qu'elle, elle peut être remise en cause d'un claquement de doigts. Ceux d'un mari paranoïaque.

Deux mois plus tard, en décembre 1991, je découvre que je suis enceinte.

Étrangement, et bien que nous ayons des rapports assez fréquents – et sans intérêt malheureusement –, je ne m'y attends pas du tout. À vrai dire, j'aurais préféré que ça ne vienne pas tout de suite, tant je doute de cette union. Je ne prends aucune contraception : on m'a assurée que les jeune mariées ne doivent surtout pas prendre la pilule, sous peine de ne plus jamais pouvoir avoir d'enfants. Une stupidité, une superstition, mais je l'ai crue.

Cette petite graine qui pousse dans mon ventre m'encourage à vivre et, à nouveau, m'emplit de faux espoirs. Sélim papa sera fou de bonheur, il cessera de me soupçonner des pires choses – il est obsédé par mon infidélité supposée –, il découvrira en lui des trésors d'attention et de bonté… Ce sera un nouveau départ. Il m'en faut, des illusions, pour supporter cet enfermement, le mépris que Sélim me témoigne, et surtout mon incapacité à tout remettre en cause.

En mars, à quatre mois de grossesse, j'ai déjà pris huit kilos. Et pour cause : je ne quitte pas la maison, je ne bouge presque jamais !

Un soir, Sélim rentre alors que je suis déjà couchée. Et sans le moindre bonjour, il lance la conversation sur l'une de ses obsessions : mon passé. Ce que j'ai fait, ce que j'étais avant de devenir sa petite amie, puis sa fiancée. C'est pathologique chez lui. J'ai osé, pendant quelques années, échapper à son contrôle, et me vautrer dans le péché. Insupportable.

« Tu te souviens de cette fille qui était dans ta classe au lycée de Guelma ? Une traînée, une moins que rien… (Il prononce un prénom). Tu t'en souviens ?

- Oui. Eh bien ?

- Je t'ai vue avec elle en 1988, en juin, début juin. Où alliez-vous toutes les deux ?

- En 1988, c'était il y a presque trois ans… Sélim, comment veux-tu que je m'en souvienne ? Et puis comment tu sais que j'étais avec elle, ce jour-là ?

- Je t'ai suivie. »

Ma colère monte d'un coup.

« Écoute, peu importe ce que j'ai fait ce jour-là, non ? Nous n'étions même pas fiancés ! Tu n'as pas à me demander des comptes sur un après-midi d'il y a trois ans !

- Mais comment tu me parles ?! »

C'est parti. Il m'attrape violemment par les cheveux, me traîne hors du lit, et se met à me rouer de coups de poing et de coups de pied. Je hurle :

« Sélim ! Non ! Pense au bébé ! Tu veux tuer le bébé ? »

Je protège mon ventre, mais Sélim est incontrôlable. Je me relève tant bien que mal, et je sors de la chambre en courant. Je veux me cacher en attendant qu'il se calme. Mais déjà, il est sur mes talons. À nouveau, il me jette par terre, à nouveau il empoigne mes cheveux, à nouveau il me roue de coups. Et m'insulte. Je me relève, je cours, il me rattrape, il recommence. Je réussis enfin à rejoindre l'étage supérieur, qui est en travaux et dans le noir. Je me blottis dans un coin du balcon, pleurant silencieusement. Je prie Dieu de toutes mes forces. J'ai terriblement besoin d'aide. J'espère un miracle sans doute !

Et puis, il me voit. Il s'approche. Il recommence. M'échappant encore une fois, je redescends et je réussis à m'enfermer dans le hammam. Il faut croire que je cours vite, malgré mon gros ventre. La peur me donne des ailes. Lui tambourine sur la porte, comme un fou. Il m'insulte d'une manière inédite, inimaginable, je ne me souviens plus des mots, mais de ma surprise à les entendre. Puis, il se lasse. Il retourne à l'étage que nous occupons. Je m'écroule par terre et je pleure toutes les larmes de mon corps. Je reste au moins trois heures derrière cette porte, le cœur encore battant, terrorisée à l'idée qu'il pourrait revenir et parvenir à la forcer.

Enfin, je me lève et je me regarde dans un des miroirs des vestiaires. Je suis méconnaissable, un visage tuméfié, de grosses bosses sur la tête, des bleus sur les jambes, un zombie, une morte-vivante, rien d'autre. J'attrape une couverture et je vais me coucher dans la salle à manger.

Pendant le Ramadan, je peux dîner plusieurs fois chez mes parents. Cette maison, que j'ai été si pressée de quitter pour me marier, m'apparaît soudain comme un petit paradis. Un endroit où les gens se parlent normalement, et, surtout, où il ne peut rien m'arriver. Mon père et ma mère ne savent pas ce que je vis, même s'ils se doutent que ce n'est pas facile. Je fais toujours bonne figure. Je suis incapable de leur dire quoi que ce soit. La honte me censure, me bâillonne. Je ne peux pas me résoudre à avouer que je suis tombée dans ce piège grossier qu'eux, en plus, ont vu venir.

Quand je rentre dans le taxi qui me ramène à la maison avec Sélim, j'ai le cœur gros.

Un après-midi de juin où Sélim ne travaille pas, il s'empare à nouveau du passé pour me mettre plus bas que terre. Un passé récent cette fois : notre voyage de noces, que j'essaie pourtant d'oublier. Il me jette méchamment que mon père, ou mon frère, auraient pu nous prêter une voiture pour aller en Tunisie. Que les membres de ma famille sont des radins. Je réplique tout de suite :

« Mais tes beaux-frères ont des voitures, eux aussi ! Eux aussi, ils auraient pu ! »

Sélim s'emporte, reprochant à mon père de ne pas lui donner d'argent.

Ça me rend folle.

« Ah, parce qu'il doit non seulement te prêter sa voiture, mais aussi te donner des sous… Mais tu as perdu la raison ! Être son gendre ne te donne pas tous les droits ! »

Il se jette sur moi comme un fauve, et me frappe à coups de poing et de pied. Je suis enceinte de sept mois. Je crie :

« Espèce de salaud ! Tu te rends compte de ce que tu es en train de faire ? Je porte la chair de ta chair et tu me bats ! »

Il s'arrête, me regarde avec de grands yeux étonnés, comme à chaque fois que j'ose protester pendant qu'il me frappe. Il s'éloigne.

Il revient, un tuyau d'arrosage à la main.

Il s'approche de moi, enroule le tuyau autour de son avant-bras en le laissant pendre d'environ un mètre. Je pleure, il m'insulte. Quand je vois qu'il va me fouetter, je n'ai plus qu'une seule pensée : protéger l'enfant dans mon ventre. Couchée par terre, je lui tourne le dos, je me blottis, recroquevillée, tout contre la porte. Et je le supplie de ne pas me faire du mal.

Au premier coup, je crois m'évanouir tant la souffrance est immense. Je hurle, et celui qui va devenir Seyed bouge dans mon ventre. Ce monstre qui est mon mari recommence. Deux, trois, quatre fois. Sur les fesses et sur le dos. Le tuyau s'est transformé en lame tranchante. Je sais qu'il va continuer, et, sentant que cette fois-ci ma vie est en jeu, et celle de mon tout petit enfant, je me retourne face à lui, je le regarde droit dans les yeux.

« Pardon, pardon, excuse-moi, je ne pensais pas ce que j'ai dit…
- C'est trop tard, Sabrina ! Je n'accepte pas tes excuses. Tu mens, tu mens, tu es une des pires menteuses que je connaisse ! »

Il me donne des coups de pied, et il lève de nouveau le tuyau.
Je hurle en pleurant.
« Alors va chercher un couteau et tue-moi une bonne fois pour toutes ! »

Étrangement, il suspend son mouvement. Il me déplace avec son pied, il ouvre la porte et il sort de la chambre.

Je reste allongée quelques instants. Puis je relève délicatement ma robe. Mes fesses sont violettes, déchirées, boursouflées. Je ne peux pas m'étendre sur le dos qui me fait terriblement souffrir. Je ne peux pas m'allonger sur le ventre, gros de sept mois. Je me mets à genoux, en pleurant ce qui me reste de larmes. Ensuite, je me traîne jusqu'à la commode située à côté de notre lit, je trouve une pommade et je me masse doucement. Je pose ma tête sur le bord du lit et je pleure, pleure, pleure.

J'ai 23 ans. Je ne m'attendais pas à cette vie-là, non. Je ne pensais pas qu'un homme pouvait aller aussi loin dans la violence. Je comprends à ce moment-là que je vis avec un homme malade, et dangereux. Que je suis en danger de mort. Que mon enfant, peut-être, subira le même sort. Il faut que je parte. Ce moment-là, cet après-midi-là, je me dis qu'il faut que je parte.

Une heure plus tard, Sélim rentre à la maison. Je suis toujours à genoux, la tête sur le lit. Le croirez-vous ?

1- Il demande s'il peut me passer de la pommade.

2- Il s'excuse pour ce qui s'est passé.

3- Il me jure qu'il ne recommencera plus jamais.

Mais je suis d'une humeur meurtrière :

« Ne me touche pas ! Ne t'approche même pas ! »

Le repentir a duré trois minutes en tout et pour tout. Il m'empoigne sauvagement par les cheveux et me met à terre. Puis il me fait dévaler l'escalier. Vingt-six marches, je les ai comptées plus tard. À chaque marche j'ai l'impression que ma peau s'ouvre, que mon corps se disloque. Je hurle de douleur.

À la dernière marche, je lui ordonne de m'emmener immédiatement chez mes parents. Que s'il ne m'accompagne pas pour prendre un taxi, j'irai seule. Je suis hors de moi, au bout du rouleau. Ma détermination est, pour une fois, totale. Je ne sais pas ce qu'il se dit, ce qu'il calcule, mais nous sortons de la maison ensemble. Il est 1 heure du matin.

HOME, SWEET HOME

Je crois que c'était mon premier acte de résistance : rentrer chez ma mère, à l'abri, ou presque. Dans le taxi que Sélim a appelé, mes fesses me font atrocement souffrir, mais je reste digne et silencieuse. Mon mari ne prononce pas un mot, comme s'il réfléchissait à la situation, à la manière de s'en dépêtrer au mieux. Il est allé trop loin et il le sait.

Le taxi stoppe devant la maison. Nuit noire. Très vite, avant qu'il ait pu repartir, Sélim se retrouve face à ma mère. Elle me regarde, puis lui demande sur un ton très dur ce qui s'est passé.

« Rien de grave, c'est une simple dispute, et… »

Je le coupe, en larmes :

« Maman, je ne veux plus retourner avec lui ! Je t'en supplie ! »

Elle me prend dans ses bras. Oh, les bras de ma mère ce jour-là, sur le seuil ! Oh, ces bras réconfortants ! Oh, cet immense soulagement après la douleur, après la terreur…

« Nous allons la garder avec nous quelque temps. Rentre chez toi. Nous en reparlerons. »

J'entre, et à nouveau, je pleure. Huit semaines de paix. Mon bébé grossit dans mon ventre. Je revis. Je crois que mon calvaire est terminé. La vraie Sabrina est de retour, on va voir ce qu'on va voir !

C'est incroyable. Chaque jour, la mère et les sœurs de Sélim sonnent à la maison, me suppliant de réfléchir, de revenir vivre avec leur fils et leur frère ! Elles répètent en boucle : « Sélim ne va plus te frapper, ne t'inquiète pas ». Et moi, momentanément héroïque et libérée, je résiste.

Je suis sûre de moi. Je vais le quitter.

Lors d'une de ces visites, Maman Dabia m'invite à m'asseoir auprès d'elle. Ma mère, glaciale :

« Ton fils l'a tellement esquintée qu'elle ne peut plus s'asseoir ! »

C'est vrai. Je me tiens accroupie sur la banquette, les mains sous les fesses pour qu'elles ne touchent pas directement le matelas.

« Quoi ? Pourquoi ?

- Montre-lui, ma fille. »

Je refuse. Montrer mon derrière à ma belle-mère ! Mais ma mère est intraitable. Il n'y a que des femmes dans la pièce. Alors, je me mets de dos, et je soulève ma gandoura. Maman Dabia pousse un cri, la main devant la bouche.

« Mais pourquoi ? Qu'est-ce qui s'est passé ? »

Elle veut dire : comment a-t-il pu en arriver là ? Elle admet que son fils me frappe. Elle trouve ça normal. Mais elle ne s'attend pas à ce qu'il me martyrise à ce point. Je ne sais pas quoi répondre. Comment expliquer que Sélim n'est pas satisfait des fréquentations que j'ai eues en 1988, et que ça le rende fou de rage trois ans après, au point de me battre avec un tuyau ? Ce n'est pas crédible. Je botte en touche : « Je ne sais pas. Demandez-lui ».

Le 10 août 1992, exactement neuf jours avant mon accouchement, ma mère entre dans ma chambre.

« Ton mari est là. Il demande si tu veux bien accepter de lui parler. »

Mon cœur bat la chamade. Pendant ces deux mois de cocon, je n'ai pas pensé à l'avenir, à la suite des événements. Évidemment, il faut bien que quelque chose se passe. Un divorce. Une réconciliation. Mais il m'est insupportable de rompre avec cette parenthèse réconfortante.

« Non, je ne veux pas le voir.

- Il faut bien que vous vous expliquiez, argumente-t-elle. Il faut reparler de ce qui s'est passé en juin. Il y a un enfant qui va naître, il faut avancer d'une manière ou d'une autre. »

Je descends au salon. Sélim attend dans un fauteuil.

« Je t'écoute, dis-je.

- Sabrina... Il a une voix douce et calme. Sabrina, je voulais m'excuser pour tout ce qui s'est passé. Je t'aime. »

Je ne dis rien. Même si tout au fond de moi, à nouveau, quelque chose vibre qui ressemble, hélas, à de l'amour.

« Je pense que nous devrions partir vivre en France, c'est notre vieux projet. On part, et on recommence tout à zéro. »

À ce moment, un véritable retournement s'opère. Je réfléchis à toute vitesse. Et je réfléchis mal. Deux idées me traversent l'esprit.

Partir en France avec Sélim est une chance inespérée. Si je dois le quitter, il vaut mieux le faire là-bas, où j'ai plus de chances d'avoir la garde de notre futur bébé qu'ici. Je sais que Sélim, malgré ce qu'il m'a fait, pourra arroser un magistrat de Guelma pour obtenir la garde. Et même si c'est moi qui l'obtiens, il m'empêchera évidemment de partir avec le bébé.

J'aime voir Sélim dans la repentance, doux comme un agneau, et je me prends à espérer que le pays de liberté et d'égalité, de l'autre côté de la mer, le rendra plus juste, moins violent. En France, il n'osera pas se déchaîner ainsi contre moi. Il changera de mentalité.

Au fond, et c'est sans doute le plus inexcusable, malgré ce qui s'est passé, je ne suis pas prête à me séparer de lui. Je suis sous emprise. À tel point que je ne réalise pas cette chose simple, très simple : je pourrais très bien partir sans lui ! Le bébé n'est pas né, je n'ai besoin d'aucune autorisation pour m'envoler vers Lyon ou ailleurs en France et le quitter sans autre forme de procès ! Croyez-le ou non, ça ne me vient même pas à l'esprit !

« Le seul problème, continue-t-il, c'est que nous n'avons pas d'argent pour les billets, et pour les premiers mois là-bas. Peux-tu me donner le collier de ta dot ? Je vais le vendre. »

Mon collier ! Mon collier de mariage ! Je suis outrée. Je suis outrée… mais je dis oui. Moi et mon gros ventre, nous voulons partir. D'autant que Sélim, dans un ultime effort, accepte l'idée que je cherche un emploi en France. À moi la vraie vie, ou plus exactement la vie normale ! Je n'ai pas le droit de prendre l'avion : je suis à quelques jours du terme. Je me débrouille pour obtenir un certificat avec une fausse date d'accouchement.

Et le 15 août, nous nous envolons pour Lyon.

INTERMÈDE

Regardez-moi dans l'avion : je vais bientôt avoir 24 ans, et je suis pleine d'espoir, comme six ans auparavant, quand je suis venue vivre au pays de mes ancêtres.

Entre-temps, un poison s'est infiltré dans mon cœur, a pollué mon cerveau. Dans cet avion, j'arrive à me persuader qu'une nouvelle vie est possible avec un homme capable de fouetter sa femme enceinte avec un tuyau d'arrosage avant de lui faire dévaler l'escalier en la tirant par les cheveux…

Regardez-moi rejoindre mon pays de cœur, ma France, celui de mon enfance heureuse, de mon adolescence tumultueuse. Celui des bonbons de la boulangère et du lait à la ferme. Celui de la petite fille dégourdie, effrontée. Regardez-moi, avec mon gros ventre, et les petits pieds qui gigotent à l'intérieur.

Dans le salon de ma mère, apaisée après deux mois de tranquillité, j'ai cru Sélim quand il s'est excusé. Aux femmes qui me lisent, je veux dire aujourd'hui de ne *jamais* croire un homme violent.

Jamais.

L'homme violent sait parler. L'homme violent peut séduire et envelopper, comme dans une toile d'araignée. L'homme violent connaît sa victime et sait exactement comment retourner en sa faveur les situations les plus accablantes. Il n'est jamais ému par les souffrances de sa compagne. Au contraire, d'une certaine manière, ça l'excite. Et pour se défaire de cette toile gluante, il faut du temps, beaucoup de temps. À plusieurs reprises, au moment où je me croyais enfin libre, j'ai vu le piège se refermer à nouveau sur moi.

SEYED, BÉBÉ TEMPÊTE

Nous nous installons provisoirement à Chavanoz, dans l'appartement de ma grande sœur Meryem, qui est en vacances. C'est un samedi. Le lundi soir, je commence à ressentir des contractions répétées. Elles sont douloureuses, rapprochées, tous les signes qu'il faut partir au plus vite. Vers 7 heures, le lendemain matin, je réveille Sélim.

« Chéri, c'est le moment. Il faut que j'aille à la maternité. »

Grognements.

« Mais non ! Tu dois accoucher le 25 ! On est le 18 !

- Mais les bébés ne sont pas programmés à heure fixe ! Je te dis qu'il faut y aller, Sélim. Emmène-moi.

- Non. »

L'hôpital est à Lyon, à presque quarante kilomètres. Je souffre trop pour perdre du temps à me disputer avec Sélim. Je m'habille, et je me rends chez mon amie Nadia, celle que j'ai serrée dans mes bras sept ans plus tôt au moment de mon déménagement en Algérie, et que je retrouve à chaque séjour en France. Nadia pourra certainement m'emmener.

Je pars à pied. Un kilomètre et demi ! Je n'ai pas pu l'appeler : le téléphone de l'appartement de ma sœur Meryem est coupé, et je n'ai pas un centime pour passer le coup de fil depuis une cabine. Il n'y a pas de bus. Je n'ai pas l'idée de faire appel à un voisin, d'entrer dans un café pour réclamer de l'aide, pour appeler une ambulance sans payer la communication, ce qu'on accepterait certainement, vu mon état. Encore un signe que je ne suis pas moi-même avec Sélim. Ma légendaire débrouillardise d'ado appartient au passé. Je ressemble à une pauvre créature dépendante, illettrée, incapable.

J'arrive, enfin, chez Nadia... Mais elle n'est pas là, et sa mère ne sait pas conduire ! Catastrophe ! Me voilà repartie sur la route, il doit être 8 heures et demie du matin. Je suis pliée en deux toutes les cinq minutes à cause des contractions. Coup de chance ! Un ami de mon frère Rian, qui passe par là en voiture, me reconnaît et s'arrête :

« Tu n'es pas la sœur de Rian ?

- Si, c'est moi !

- Quelque chose ne va pas ?

- Eh bien... Je crois que je suis sur le point d'accoucher. »

J'ai un sourire gêné. Je me sens stupide d'être là, toute seule, au bord de la route.

« Rentre vite ! Je t'emmène ! Ton mari n'est pas là ?

- Il m'a dit que ce n'était pas le moment, et je cherchais une amie qui puisse m'emmener, mais je ne l'ai pas trouvée... »

Nous prenons Sélim au passage, qui continue à jouer les sceptiques. Le copain de Rian a l'air consterné, mais il ne dit rien. Je me retrouve en salle de travail. Sélim a préféré la salle d'attente, et vient me voir de temps en temps. Mes sœurs et mes parents en Algérie, mon frère qui travaille en Allemagne et Sélim ni très présent ni très chaleureux… Je me sens bien seule. Le travail dure quatorze heures, et la péridurale ne marche pas tout de suite. Quelle souffrance ! Peu après 20 heures, ce 18 août 1992, un petit bonhomme sort de mes entrailles. Je suis fébrile.

« Il ne lui manque rien ? »

Les puéricultrices me rassurent.

« Mais non, madame, ne vous inquiétez pas… »

J'ai de bonnes raisons de m'inquiéter. Mon bébé pourrait très bien avoir été victime de ce que j'ai subi quelques mois plus tôt. Mais il va bien. C'est mon bébé. Je l'ai fabriqué. Il est là, malgré tout, et c'est inouï. La sage-femme le dépose sur ma poitrine, et une immense émotion m'envahit. Je sanglote de joie et de soulagement.

« Et comment s'appelle ce petit bout de chou ?, demande-t-elle.

- Seyed. Nous voulons l'appeler Seyed. »

Ce prénom pas banal – qui veut dire « maître » et désigne quelqu'un d'élevé dans l'échelle sociale – a été choisi par Sélim plusieurs mois auparavant. Il était persuadé que nous attendions un garçon.

« Bien. Je crois qu'on peut aller chercher le papa maintenant. »

Je pensais que ce premier bébé, notre enfant à nous, révélerait un Sélim doux, ému, peut-être changé. Mais il fait le minimum. Il n'a pas la maturité nécessaire pour jouir de ce moment exceptionnel. Il m'embrasse sur le front, il regarde Seyed et sourit. Il le prend deux petites minutes dans ses bras. Il est évidemment satisfait d'avoir un garçon. Et à 21h30, il repart à Chavanoz, avec une liste de ce qu'il doit me rapporter.

Sélim fait plusieurs apparitions à la maternité au cours de la journée du lendemain. En fin d'après-midi, quand il entre dans la chambre, Nadia et sa cousine s'apprêtent à partir. Placée derrière Sélim, Nadia mime le geste de tirer une bouffée de cigarette. Je me lève et je les raccompagne jusqu'à l'ascenseur, en demandant à Sélim de jeter un œil au petit dans son berceau. Dans le couloir, paniquée, je chuchote :

« Nadia, je ne peux pas fumer maintenant, j'ai interdiction totale de le faire et Sélim pourrait vérifier avec mon haleine.

- Alors, prends ces cigarettes ! »

Elle me tend un paquet presque rempli.

« Merci, dis-je, mais il fouille régulièrement dans mon sac. »

C'est la stricte vérité. Cela fait partie du pouvoir insensé qu'il a sur moi : me fouiller. Ou humer mon haleine. Je saurai plus tard que ce comportement est typique de la panoplie des hommes violents. Je demande à Nadia de cacher le paquet de cigarettes dans un pot de fleurs à l'entrée de la maternité, j'irai le chercher après le départ de Sélim. Faut-il être inconsciente pour accepter qu'un homme vous impose ce cache-cache puéril !

Je remonte dans ma chambre, m'allonge. Et Sélim, armé de son regard haineux, s'approche de moi. Il a dû entrevoir le geste de Nadia. Ou, tout simplement, il se méfie d'elle, comme de mes amies en général.

« Qu'est-ce que tu as ? Tu trembles ! Tu as quelque chose à te reprocher ? »

Quand Sélim se met à m'accuser de quelque chose, ou à m'insulter, il ne faut pas imaginer qu'il crie, ou qu'il s'énerve Le niveau de sa voix reste normal, comme s'il se maîtrisait parfaitement. Mais le ton est menaçant, hargneux, sadique.

« Non, je t'assure, je n'ai rien fait de mal, réponds-je, affolée par ce qui m'attend.

- Tu en es bien certaine ? »

Il s'approche de mon lit.

« Ouvre la bouche. Fais-moi sentir ton haleine. »

Mais mon haleine sans odeur de cigarette ne lui suffit pas. Je comprends qu'il veut me frapper. Je me dis : « Pas ici, pas à l'hôpital, il ne va pas oser ! » Je me lève, je prends Seyed dans mes bras. Pardonne-moi, Seyed. Souvent, tu m'as protégée sans le savoir. Tu étais mon petit bouclier…

Mais Sélim me prend, doucement, le bébé, et le repose dans le berceau. Il calcule ce qu'il va faire. Il veut absolument me frapper et il prépare le terrain. Il m'empoigne par les cheveux, comme toujours quand ça commence. Il me donne trois coups de poing dans la figure, me tire du lit et me jette sur le sol, tout en me donnant des coups de pied. Il suit toujours le même mode opératoire.

Je suis en train de me relever quand Nadia entre – elle a oublié ses clés de voiture. Je me précipite dans la salle de bains pour qu'elle ne voie pas l'état dans lequel je me trouve. Je lui dis « Au revoir » à travers la porte. Puis Sélim part à son tour, alors que je suis toujours dans le cabinet de toilettes, jetant : « Je m'en vais, salope ! Vous n'êtes que des traînées, tes copines et toi ! Je ne reviendrai pas. Débrouille-toi toute seule ! »

Il claque la porte de la chambre. Tout à coup, le silence, un silence bienfaisant.

Je me regarde dans la glace : l'œil gauche enfle, mes lèvres sont tuméfiées. Je peux sentir, à travers mes cheveux, des bosses qui poussent. Je n'ai même pas envie de pleurer. Je pense, très vite : « Il faut que je quitte cet homme, mais c'est terrible, Seyed va grandir sans son père ». Je pense aussi : « Il ne faut pas que les sages-femmes, les puéricultrices, comprennent ce qui vient de se passer ».

Je leur dis que je me suis amochée en tombant. Elles me croient. « Eh ben dis-donc, vous ne vous êtes pas ratée ! » Elles me soignent sans poser davantage de questions.

Je suis en France, entourée de soignants, c'est l'occasion de tout raconter, de demander de l'aide, une protection. Mais je ne dis pas la vérité, parce que j'ai honte. Il est inimaginable, obscène d'avoir reçu des coups à ce moment-là, si précieux. Je suis, à mes propres yeux, contaminée par l'indécence de cette séance. Je cache la vérité, aussi, afin d'éliminer cet épisode de ma mémoire. Ne pas le dire, c'est une manière de ne pas le faire exister, cet abominable tabassage.

Trois jours avant, j'étais revenue d'Algérie. J'ai mis quatorze heures à accoucher. Je suis épuisée. Je ne réalise pas encore la naissance de Seyed. Je pourrais arriver à supporter l'indifférence de mon mari – Sélim ne s'intéresse pas au bébé. Mais me faire tabasser à un mètre du berceau !

Il y a trois ans, mon frère a eu un enfant. Un moment bouleversant. Je l'ai vu pleurer toutes les larmes de son corps tellement il était heureux. Cette gentillesse, cette douceur ! L'attention qu'il avait pour sa femme et pour son bébé ! Moi aussi, je me suis mise à pleurer, au bord du malaise. Et cela m'est arrivé plusieurs fois lors de visites à des amies qui avaient accouché. À chaque fois, les mêmes symptômes : une sensation d'étouffement, une immense détresse, les larmes qui montent aux yeux. Et le besoin impérieux de quitter la chambre, prétextant n'importe quoi, et d'aller fumer une cigarette pour évacuer cette inavouable jalousie.

Jamais je n'ai pu partager ce bonheur-là, une naissance, avec mon mari.

QUATRE JOURS

J'ai accouché si vite après mon arrivée en France que je n'ai pas eu le temps de me réinscrire à la Sécurité sociale. Je bénéficie donc, comme si j'étais une étrangère sans papiers, de l'aide médicale d'État. Ce statut implique de quitter la maternité au bout de trois jours. Aujourd'hui, c'est la règle dans les grands hôpitaux publics. Mais à l'époque, en 1992, on pouvait rester un peu plus longtemps, et ce n'est pas un luxe quand on ne s'est jamais occupé d'un nouveau-né…

Les débuts sont durs pour moi, comme ils le sont pour toutes les jeunes mères. Allaiter Seyed toutes les deux heures, nuit et jour, s'inquiéter pour tout, ne jamais trouver le temps de dormir… Quand vous êtes entourée d'un mari compréhensif, d'une mère aidante, ces difficultés-là sont adoucies par le bonheur d'être ensemble autour d'un petit être à câliner. Si j'étais restée à Guelma, ma maman aurait pris soin de moi et de mon bébé. Mais je suis partie précipitamment. Nous vivons toujours comme des sans domicile fixe, chez ma sœur, qui va bientôt revenir de vacances. Ce n'est pas vraiment un chez-nous, un petit nid pour notre bébé.

Sélim ne m'est d'aucun secours. Comme toujours. Dans l'appartement de Chavanoz, il quitte vite le lit conjugal pour le canapé, exaspéré par les pleurs et le rythme des tétées. Ce n'est pas la peine de lui réclamer la moindre aide, il est aux abonnés absents. Les hommes violents ne sont pas des êtres sévères avec tout le monde. Ils montrent beaucoup d'exigence, oui, mais… pour les autres. Par rapport à eux-mêmes, à leurs manquements, à leurs erreurs, à leurs absences, ils sont très indulgents et surtout très inventifs. Faites ce que je dis, pas ce que je fais.

Dix jours après la naissance de Seyed, l'un de mes cousins, âgé de 18 ans, vient gentiment me rendre visite. Je suis seule avec mon bout de chou. Nous passons ensemble une journée agréable, et cela me fait un bien fou de discuter tranquillement, de plaisanter, de rire… Quand Sélim rentre, vers 20 heures, il empeste la bière. Car il s'est mis à boire. Il n'essaie même pas de le cacher, alors qu'il est obsédé par l'idée que je pourrais consommer de la drogue et de l'alcool ! Encore une fois : faites ce que je dis… En Algérie, il ne buvait jamais. Là-bas, boire chez soi, c'est un interdit absolu. En France, il se sent libre. Plus tard, à Lyon, il ramènera des packs de bières à la maison, qu'il descendra tranquillement. Il pourra me frapper violemment sans avoir bu une goutte. Mais si l'alcool est passé par là, c'est pire.

Mon cousin est sur le point de partir. Il salue Sélim et quitte l'appartement.

Grognements.

« Pourquoi part-il au moment où j'arrive ? »

Je réponds calmement, je sens monter l'orage.

« Il a de la route à faire avant d'arriver chez lui. En plus, il travaille à 5 heures le matin, il doit se lever tôt… »

Sélim monte se coucher sans mot dire.

Ce n'est que partie remise. Le matin, au petit-déjeuner :

« Tu trouves normal de faire entrer un cousin dans l'appartement alors que ton mari est absent ? Et qu'il parte comme un voleur au moment où j'arrive, c'est normal, ça ? Qu'est-ce que vous avez fait, tous les deux, hein ? *Qu'est-ce que vous avez fait* ? »

Je comprends assez vite où Sélim veut en venir. Il cherche à me faire « avouer » que j'ai couché avec mon cousin. C'est monstrueux, mais je reste calme.

« Écoute, il ne s'est rien passé. Et si tu veux, je n'ouvrirai plus la porte à personne.

- Ce n'est pas ce que je te demande ! Je te demande de me dire ce qui s'est passé cet après-midi avec ton cousin !

- Mais rien ! Rien ! Je viens de te le dire ! On a discuté, on s'est occupés de Seyed, c'est tout ! »

Comme à son habitude, Sélim me prend par les cheveux et me traîne jusqu'à la chambre, puis se défoule sur moi à coups de poing et de pied. C'est évident : je suis une putain qui couche avec son propre cousin ! Il hurle.

En sanglotant, je rappelle à Sélim que mon corps de jeune accouchée est bien incapable d'avoir la moindre relation sexuelle. Je lui dis que ce cousin est comme un frère, et que ce genre d'idées ne me viendrait jamais à l'esprit. Sélim se calme. Provisoirement. Son esprit malade tourne à plein régime.

« Je sors. Je reviens dans une heure. Tu as une heure pour réfléchir, et en rentrant, je veux la vérité. La *vérité* ! Sinon… »

Sa jalousie, qui ne cessera jamais, le rend fou, détraqué. Il a des pensées très malsaines et il m'accuse en permanence de coucher avec tout le monde… y compris avec mes propres frères ! Le pire, c'est qu'il est tellement obnubilé par mon passé, par les relations amoureuses que j'aurais pu avoir avant que nous fassions connaissance, il ressasse tellement ce sujet, encore et encore, qu'il finit par me faire douter de moi. Quand quelqu'un vous répète des milliers de fois que vous êtes une traînée, une salope, que vous avez couché avec la moitié de la ville, vous finissez presque par y croire, alors que c'est totalement faux. C'est ça, l'emprise.

Je suis seule dans l'appartement. Il a fermé la porte à clé. J'ai envie d'appeler mes parents, mes sœurs, mais le téléphone ne fonctionne toujours pas. Je m'assieds dans un fauteuil, serrant mon petit bébé dans mes bras. Je prie, je prie. Cette séquestration durera quatre jours. Quatre jours ! Cet enfermement n'est pas de la même nature que dans l'appartement au-dessus du hammam. C'est ouvertement punitif, sadique. Là encore, un comportement courant chez les hommes violents : jouer les juges, les matons et les bourreaux.

Une heure plus tard, il revient. Oh, la clé dans la serrure. Oh, ce bruit qui me fait tellement trembler… Il ôte Seyed de mes bras, le pose dans son petit lit.

« Dis-moi ce que tu as fait avec ton cousin et je te jure que je ne te frapperai pas. »

Voyez ce paradoxe : je ne serai pas battue si j'avoue un adultère. Mais si je persiste à montrer que je suis une femme vertueuse, il me coupera en morceaux !

« Je ne vais pas te mentir. Il ne s'est rien passé ! »

Je veux m'en tenir à la stricte vérité.

Il me bat pendant quatre jours, me laissant des « temps de réflexion » entre chaque passage à tabac. Un vrai tortionnaire, amateur de sévices, comme j'imagine qu'on doit en rencontrer en temps de guerre.

« Alors, ça y est ? Tu es prête à tout me raconter ? »

Quatre jours d'enfer. Il brandit un fer à repasser brûlant à cinq centimètres de ma joue. Je parviens à m'échapper et à m'enfermer dans un placard, jusqu'à ce que je doive en sortir parce que Seyed a besoin de moi. Je reçois un formidable coup de poing qui me casse le nez. Pendant plusieurs jours, j'ai les deux yeux enflés, jaunes, violets, puis noirs. Mon nez est tellement douloureux que je ne peux pas le toucher…

Au terme de ces tortures, Sélim s'excuse. Mais oui, il s'excuse ! Selon ses propres critères, il est allé « trop loin » cette fois. Et il veut que nous fassions l'amour ! C'est une habitude chez lui : même s'il vient de me cogner, de m'insulter, ça ne le gêne pas d'exiger que j'accomplisse mon devoir conjugal. Vers minuit, il se couche sur moi. Je suis comme une poupée, totalement froide. Je ne refuse pas l'acte sexuel, mais je suis inerte. C'est ma résistance, la seule possible à ce moment-là. Cela me déculpabilisera de lire que de nombreuses femmes battues agissent de cette façon. Pour calmer l'autre, pendant quelques heures, quelques jours.

Peu de temps après, ma sœur Meryem revient de ses vacances en Algérie. Elle accepte que nous restions encore quelque temps dans son appartement. C'est bon de la sentir près de moi, même si je devine qu'elle est de plus en plus critique vis-à-vis de mon mariage et de mon mari. Elle me rassure. Sélim, qui ne craint pas de me frapper en pleine rue, ne le fait pas devant elle. Nous cohabitons pendant quelques semaines, Sélim s'absentant régulièrement – il dit chercher du travail – et moi pouponnant à l'appartement.

Un jour, Meryem m'emmène chez des amis à elle, sans Sélim. Une respiration bienvenue dans ma solitude. Un petit morceau de vie normale. Comme avec mon cousin. Mais je n'ai pas droit à ça.

Où est mon mari lorsque nous quittons l'appartement ? Je ne sais pas. En réalité, je ne sais pas ce qu'il fait de ses journées. Nous ne parlons de rien ensemble. Comment sait-il que nous sommes là, chez ces amis-là ? Mystère. Il sonne à la porte, et je vois son regard haineux qui ne présage rien de bon. Il m'intime l'ordre de rentrer à la maison. Meryem nous accompagne. Il est furieux : je suis sortie sans son autorisation ! Comment ai-je pu ? Chez des gens qu'il ne connaît même pas ! Nous arrivons chez Meryem. Sélim lui confie Seyed et me demande de ressortir. C'est un ordre, c'est comme ça.

Tremblante, je le suis hors de l'immeuble. Il m'emmène dans un petit bois, à quelques centaines de mètres, loin des regards. Je suis une putain, une mère indigne, je suis partie sans rien dire, etc. Je le vois arracher une branche d'arbre, en enlever toutes les feuilles. Et il commence à me fouetter ! Notez qu'il épargne mon visage, pour que ma sœur ne remarque rien. Il sait que je vais me taire – je suis sa proie.

Meryem m'a donné sa version de ces épisodes, bien après : « Vous aviez épuisé vos économies. Je subvenais à vos besoins alors que j'étais au chômage. Sélim était tout le temps en vadrouille, il cherchait du travail mais n'en trouvait jamais. Il débarquait le soir et attendait qu'on le nourrisse. Trop facile ! Je te voyais si malheureuse. La fois où il t'a fouettée dans le petit bois, je m'en suis aperçue, tu sais ! J'ai vu les hématomes sur tes jambes quand tu es revenue... À Charvieu-Chavagneux, il y a une usine de fabrication de poussettes et de sièges autos pour enfants. C'est du travail à la chaîne, très dur. Sélim voulait que tu travailles là ! Pas lui, toi ! C'est moi qui devais garder Seyed pendant la journée puisque moi, j'étais au chômage... Incroyable. Il était comme ça, il voulait décider pour tout le monde. Je t'ai dit : "Ou vous partez, ou tu divorces. Et si tu divorces, j'accepte de t'héberger sans problème". Mais tu étais obnubilée par lui. Obnubilée ».

Sélim part à Lyon le premier, et, au bout de dix jours, exige que je le rejoigne. Il n'a pas réussi à trouver le moindre travail, moins encore d'appartement. Nous sommes SDF par sa faute ! Mais, comme il me l'ordonne, je quitte Chavanoz, avec mon bébé sous le bras.

Il y a quelques mois, je suis allée avec Meryem dans un supermarché à Chavanoz, qui n'existait pas il y a quinze ans. Et ce supermarché est situé juste à côté du bois où Sélim m'a fouettée. Quand nous nous sommes garées, j'ai reconnu les lieux, et toute la scène m'est revenue d'un coup… Ces réminiscences sont fréquentes, et glaçantes. Comme un cauchemar qui ne veut pas se terminer.

TOUCHER LE FOND

C'est un bel immeuble ancien à deux pas de la gare Lyon-Perrache, avec une cour pavée. C'est l'Auvent, un centre d'hébergement d'urgence pour les femmes. Je me retrouve là un matin de septembre. Sélim, lui, est logé dans un foyer pour hommes. On ne peut pas rester à l'Auvent plus de trois semaines. On nous aide à trouver du travail, un logement, on nous donne des tickets de bus… De l'hébergement d'urgence, ni plus ni moins. Je me souviens de ma chambre, simple, un peu vieillotte, que je partage avec deux autres femmes. L'une d'elle souffre de graves troubles psychiatriques et son enfant a été placé. La tristesse envahit tout, à l'Auvent… Je suis relativement éloignée de

Sélim, et le personnel est sympathique, mais je me sens mal, si mal !

Le midi, je retrouve mon mari dans un restaurant pour sans-abris. Le soir, nous devons quitter l'Auvent de 17 heures à 20h30 et les responsables du foyer nous donnent un ticket pour dîner à l'Armée du Salut. Je me sens minable. Une va-nu-pieds, une moins que rien, incapable d'offrir un toit décent à son bébé. Je cherche du travail, et je ne sais pas ce si Sélim fait la même chose de son côté.

Un soir, alors que je rentre au foyer avec d'autres mamans, poussant Seyed dans sa poussette, j'aperçois Sélim qui m'attend devant le portail. Furieux. Je suis sortie dehors ! Le soir ! Cela fait une heure qu'il attend ! Je lui explique les règles du foyer – ne pas regagner sa chambre avant 20h30 – mais cela ne le convainc pas. Après être allée coucher Seyed, je sors pour lui parler.

Une nouvelle fois, il me tire les cheveux, me jette au sol, me donne des coups de pied, puis un coup violent dans le nez. Une animatrice du foyer arrive en courant, mais il est trop tard. Je me retrouve à l'hôpital, avec une double fracture du nez – la précédente date seulement d'une quinzaine de jours – des bosses sur la tête et des contusions partout.

Je suis submergée de honte. J'ai le sentiment de toucher le fond du fond. Ce qui est particulièrement insupportable, c'est d'avoir été vue dans cette situation, étendue sur le sol, frappée, humiliée. Vis-à-vis des autres, soudain, je ne peux plus faire semblant d'aller bien. Ma misérable vie conjugale est, au sens propre, étalée en place publique.

Dans ma tête, deux mots : suicide, divorce. Pendant plusieurs heures, je me vois m'enfoncer un poignard en plein cœur. Cette envie-là ne dure pas. Heureusement. J'ai Seyed ici-bas pour me maintenir debout. Mais ce qui persiste, ce soir-là, c'est le sentiment que je dois trouver la force de le quitter. Ce n'est pas la première fois. J'ai ressenti la même chose quand il m'a battue, dans la maison du hammam. À la maternité aussi, bien sûr. Et quand il m'a cassé le nez après la journée passée avec mon cousin.

Depuis des années, mon âme et mon amour-propre sont anéantis. Je doute de la justesse de mes sentiments. Je me vois comme une chose à force d'être traitée comme telle. Et les instants comme celui-là, de lucidité, de révolte intérieure, où je me dis qu'il n'est pas possible que ça continue, je sais qu'ils sont très, très précieux. Comme les marches d'un escalier vers la sortie. Le problème, c'est que des marches, il en reste beaucoup.

Dans les jours qui suivent, j'ai droit à un coup de poing dans l'œil parce que je vais passer un week-end chez ma sœur sans l'autorisation de Sélim. La directrice lui interdit définitivement l'accès au foyer.

Une autre fois, il me frappe sur un quai du métro Grange-Blanche, uniquement parce que je suis arrivée en retard au rendez-vous pour aller voir une assistante sociale. Un inspecteur de police, passant par là, me propose d'aller porter plainte et Sélim n'en mène pas large. Mais quand le policier est parti, Sélim, fou de rage, me menace à nouveau. Je le revois, éructant, me plaquant contre l'ascenseur du métro…

Après un petit mois, je dois quitter ce premier foyer pour un autre. Je n'ai pas eu le temps, en trois semaines, de trouver du boulot et un logement. C'est court, trois semaines pour tout ça ! Je me retrouve au centre maternel Gerland, qui, pour le coup, est beaucoup mieux. Il est même magnifique. Un château dans un parc, une allée avec de grands arbres, une garderie pour les enfants, des chambres individuelles et spacieuses…

C'est une annexe pour les mères adolescentes, celles qui ont entre 13 et 16 ans. Tout est totalement gratuit. Un bon endroit pour rebondir, enfin. Avant de m'installer, j'ai un entretien avec les éducateurs du centre et je signe un contrat de trois mois. Je ne souffle pas un mot de ce que je subis avec Sélim. Je fais tout pour cacher ce qui m'arrive.

Je suis championne pour justifier mes coquards et mes bleus. Mon mari, lui, n'a pas honte de ce qu'il me fait subir, et il n'attend pas toujours que nous soyons à l'abri des regards pour frapper. Ce qui est relativement rare chez les hommes violents, qui sont en général très soucieux de sauver les apparences.

Quelque chose est en train de changer en moi. Oh, ce n'est pas encore une grande révolte pleine d'assurance, non. Mais soudain, je veux retravailler pour être totalement autonome, je veux reprendre ma vie en main, et surtout, j'envisage enfin très sérieusement de résoudre mon principal problème…

ACHETEZ MES PÂTISSERIES !

L'hiver est là. Mon premier hiver en France depuis sept ans. Et je commence à me réveiller. C'est un ras-le-bol fructueux, avec des étapes importantes. D'abord, juste après ma double fracture du nez, je prends conseil auprès des animatrices de l'Auvent… et je vais consulter une avocate pour entamer une procédure de divorce. Moi, Sabrina ! Je suis fière.

Le paradoxe, c'est que je ne porte pas plainte. Je passe directement à l'étape suivante.

C'est assez rocambolesque. Le jour où je me rends au cabinet de l'avocate pour lui remettre mon dossier d'aide juridictionnelle – qui permet à des personnes sans revenu d'avoir recours à un avocat – Sélim me suit dans la rue, sans que je m'en aperçoive. C'est habituel, il me file souvent, il connaît mes arrêts de bus, mes horaires. Dans le bus, il m'accoste, et me harcèle. Il ne travaille pas. Il refuse les petits boulots, indignes de lui, bien entendu. Il a des heures à perdre…

« Qu'est-ce que tu fais ? Où tu vas ?

- Tu te souviens quand tu m'as dit que j'étais une moins que rien et que je pouvais te quitter ? »

Il m'avait lancé ça, quelques jours auparavant, lors d'une énième dispute.

« Eh bien, voilà, je vais voir une avocate pour divorcer.

- Quoi ? »

Il est sidéré. Moment exceptionnel : je suis la plus forte. J'ai le dessus. Il ne moufte pas, ne lève pas la main. Il tente de comprendre, de digérer. Nous descendons du bus. Je marche vite, mais lui aussi, et il se remet à parler, beaucoup et très vite.

« Tu vas faire une grosse connerie. Pense à ton fils. Est-ce que c'est bien d'avoir des parents séparés ? Sabrina, si tu me quittes, je t'assure que tu vas devenir folle ! Tu ne peux rien faire sans moi, tu le sais. Si je ne t'avais pas épousée, tu serais à la rue. Aucun homme ne t'aurait prise, tu as eu de la chance que je me sois dévoué… » Etc. etc.

Je n'écoute rien. Je réussis même à le trouver ridicule. Son acharnement à me diminuer, cette fois, ne me touche pas. Sélim est pathétique. Un méchant clown.

Je monte jusqu'au bureau de l'avocate, avec Sélim sur les talons. Je suis calme et décidée. Nous nous asseyons dans la salle d'attente, et quand l'avocate entre, je me lève pour lui remettre le dossier. Elle jette un œil à Sélim, murmure : « Qui est-ce ? » Et là, Sélim se dresse d'un bond, lui arrache le dossier des mains, et commence à le déchirer !

L'avocate est suffoquée. Elle n'en revient pas. Elle appelle un confrère à la rescousse et Sélim en profite pour se sauver. Au moins a-t-elle désormais une petite idée – toute petite – de la personnalité de mon futur ex-mari…

À partir de ce moment, Sélim fait beaucoup pour me décourager. Au fond, ce sont les rares fois où nous discutons vraiment, où nous avons de véritables conversations : quand il veut que j'interrompe notre procédure de divorce. Nous qui n'avions jamais dialogué sérieusement de rien, voilà que nous nous mettions à parler ! Il trouve ahurissant qu'un juge puisse intervenir dans notre vie privée. Son harcèlement anti-divorce est, pendant un temps, efficace.

À peu près à la même période, je trouve enfin du travail : vendeuse de biscuits corses, les canistrelli, au porte-à-porte. Pas courant, comme métier, n'est-ce pas ?

Je commence le 4 décembre 1992, au moment de mon arrivée à l'Auvent. Seyed, mon petit bonhomme aux yeux verts, n'a pas encore quatre mois. C'est un ange que je suis capable d'admirer des heures durant, et c'est une souffrance de le quitter pendant de longues journées.

Je me réveille désormais à 6 heures, je l'allaite, je nous prépare, et puis je le dépose à la crèche du centre à 7h30. Mon travail commence à 8 heures et se termine souvent tard, vers 19 ou 20 heures. Je ne donne plus le sein que deux fois par jour et je subis de très douloureuses montées de lait. Quel soulagement, le soir, quand Seyed boit goulûment !

À vrai dire, malgré les horaires excessifs, ce travail me sort de mes soucis, et me va comme un gant. Nous nous promenons à plusieurs vendeurs dans un minibus et nous sonnons chez les gens. Je suis payée à la commission, et il est vital pour moi de gagner de l'argent : j'ai besoin de trois mois de fiches de paie pour pouvoir louer un appartement. Je déploie une énergie phénoménale pour caser mes biscuits secs ! Si la porte se referme, je mets un pied dedans. Si on me la claque au nez, je sonne à nouveau. Les gens finissent par craquer. Je suis une acharnée. J'en fais, du baratin… Je conserverai cet emploi pendant six ans. Les patrons sont très sympathiques. Souvent, ils me remontent le moral à la manivelle. Ils finissent par comprendre que mes coquards répétés ne sont pas dus à des chutes dans l'escalier. Un jour où j'ai dérouillé plus que d'habitude, mon chef d'équipe, fou de rage, me lance : « Dis-moi où il est, que je lui casse les jambes, que je le jette dans le Rhône ! » Des rodomontades bien sûr, mais sa réaction me fait du bien.

Jusqu'à la séparation définitive, j'essaierai de ne pas me noyer. J'aurai toujours à cœur de remonter la pente après les crises. Toujours. Je ne veux pas lui donner la satisfaction de me voir à terre. Je travaille, je m'occupe de mon enfant. Je veux tenir sur mes deux jambes.

C'est ce qui me reste de dignité.

LA PREMIÈRE PLAINTE

Nous sommes au mois de janvier 1993. Il est 20 heures et je reviens d'une épuisante journée de travail. Avant d'aller chercher Seyed à la crèche, je passe un coup de fil dans une cabine à ma sœur Shérazade, qui est alors vendeuse de bijoux à Nice. Brusquement, j'aperçois Sélim qui s'approche à grandes enjambées rageuses. Il attend quelques secondes, collé à la cabine, pendant que je dis au revoir à ma sœur et que je raccroche.

« C'est qui ? Tu parlais à qui ?

- Tu as très bien entendu. À Shérazade.

- Ah bon ? Et pourquoi tu as raccroché dès que tu m'as vu ?

- Mais non ! Nous avions fini la conversation…

- Tu mens ! Tu parlais à quelqu'un d'autre. À qui ? À qui alors ?

- Rappelle ma sœur ! Tu verras si je mens !
- Tu parles, elle te protègera... Comment se fait-il que tu traînes dans les rues alors qu'il est l'heure de récupérer ton fils ? »

Suit un torrent d'insultes. Sélim me tire hors de la cabine et me pousse devant lui en me donnant des coups sur les épaules et dans le dos. J'explose. Je hurle :

« Maintenant, tu *arrêtes* ! Tu arrêtes de m'emmerder ! Tu ne vas pas recommencer ! »

Oh, la lueur dans ses yeux ! Une lueur de haine.

Je me mets à courir, éperdument. Il me rattrape, et commence à me frapper en m'insultant. Je le repousse, je le supplie d'arrêter, il continue et les passants nous regardent avec des yeux ronds.

Il me crache :

« Tu n'es qu'une chienne ! Tu mérites ce que je te donne ! Ma femme est une putain et les putains ne comprennent que les coups ! Je vais te dresser et tu m'obéiras au doigt et à l'œil ! »

C'est pire que tout. Je suis terrorisée, ses mots et ses coups me font mal, et en plus, les gens s'arrêtent pour nous observer. Des enfants me regardent, et la honte m'envahit, une honte atroce, insupportable. Je suis moins qu'un animal, moins qu'un objet. Je ne mérite même pas qu'il cache sa violence. Le regard de ces inconnus est plus humiliant que les coups eux-mêmes. Tout à coup, je réalise que mon pantalon est trempé. Je me suis fait pipi dessus !

J'éclate en sanglots, et je hurle :

« Arrête ! Mais arrête ! Si je suis une pute, une mère indigne, alors oublie-moi, cherche-toi une autre femme ! »

Des voix commencent à s'élever autour de nous. Mais personne ne vient vers moi, personne ne tente de m'aider. Je cours vers le foyer. Quand je passe devant le gardien, je lui crie de ne pas laisser entrer Sélim. Il fait mine de lâcher son berger allemand et Sélim déguerpit sans demander son reste.

Le lendemain, je vais porter plainte au commissariat. C'est ma première plainte. Il y en aura bien d'autres par la suite. Il faut dire que l'appartement dans lequel je m'installe au mois de mars est bien situé : à vingt mètres d'un poste de police, et à un pâté de maisons de l'hôpital Saint-Joseph ! Régulièrement, je vais à l'hôpital où on me dresse un certificat médical, puis je porte plainte au poste.

Mais, et c'est un point que je me dois d'aborder ici, je ne reçois jamais de conseils adéquats. La police fait preuve envers moi d'une impuissance qui confine à la non-assistance à personne en danger. Au poste, je suis souvent reçue par le même agent, qui est plutôt compréhensif, sympathique. Il lui arrive de retenir mon mari pendant une demi-journée et de lui faire la leçon. Pour autant, lui et ses collègues ne semblent pas avoir conscience que ma situation est grave, très grave, que je suis en danger de mort. Ils sont bienveillants, mais pas vraiment concernés. Quand j'arrive, ils s'exclament avec une gentille grimace : « C'est encore lui qui a fait ça ? » Et c'est tout.

Je mets au point un code avec ma voisine la plus proche : si je donne trois coups successifs dans le mur, elle doit appeler le commissariat. Elle le fait à plusieurs reprises, et la police embarque Sélim pour quelques heures. Du reste, sans lui faire beaucoup d'effet. D'autant que je retire souvent mes plaintes comme une idiote, comme nombre de femmes battues qui culpabilisent d'envoyer leur mari derrière les barreaux. Et personne n'essaie de me convaincre qu'il faut les maintenir… Le résultat, c'est que Sélim sera condamné beaucoup plus faiblement qu'il ne l'aurait dû lors des procès qui suivront.

Et puis, je suis terriblement seule. Mon mari m'a coupée de mes amies, de mes sœurs, à force d'être inquisiteur, et de me demander continuellement des comptes sur mon emploi du temps, sur mes coups de fil. De toute façon, ma famille est découragée par ma passivité. Elle ne sait plus comment s'y prendre pour me tirer de ce guêpier. Quant au centre maternel, la directrice m'a, certes, incitée à porter plainte après ma double fracture du nez, mais elle ne fait pas preuve de l'énergie nécessaire pour aider la femme sous emprise que j'étais. Même à l'hôpital, à une exception près, on ne me conseille pas, malgré l'origine évidente de mes blessures.

Je ne suis pas plus sourde, pas plus butée que la moyenne des femmes battues. Des femmes amoureuses, dépendantes ou plus simplement terrifiées par leur conjoint et que, je crois, on n'a pas le droit de traiter en adultes autonomes, rationnelles et responsables. La justice française considère tous les citoyens à égalité, mais elle redouble de prévenance pour certaines personnes psychologiquement fragiles. C'est normal. Eh bien, les femmes battues doivent aussi être traitées comme des victimes non-consentantes, mais incapables de décider ce qui est bien ou mal pour elles et leurs enfants. Cette évidence commence seulement à être comprise en France…

En mars 1993, nous nous installons dans un appartement du 7e arrondissement de Lyon. Deux pièces et une cuisine dans un vieil immeuble bien entretenu. Nous sommes mariés, je dois donc signer le bail avec Sélim, alors que je n'en ai aucune envie. Et je débourse trois mois de loyer d'avance avec mes propres économies, sous ses yeux. Seule encore, j'effectue quelques petits travaux, achète les meubles nécessaires, frigo, machine à laver, lits, cuisinière. Je ne suis pas peu fière d'avoir réussi tout cela huit mois seulement après mon retour en France.

Sans surprise, Sélim ne lève pas le petit doigt pour m'aider, ni pour chercher, ni pour aménager notre logement. Il travaille très peu. Ne gagne pas l'argent du ménage. Ne prend aucune initiative concrète. Il se comporte à l'inverse de ce qu'il pense être : un mâle dominateur et sûr de lui. Un psychanalyste aurait certainement des clés pour décrypter tout ça. Mais Sélim pourrait probablement occuper plusieurs psychanalystes pendant des dizaines d'années !

Je n'ai pas le temps d'essayer de comprendre. Je suis dans la survie, pour moi et pour mon enfant. Le mot « survie » n'est pas exagéré : nous sommes de nouveau tous les trois ensemble, entre quatre murs, et malgré la procédure de divorce en cours, je suis à sa merci.

DÉCRIRE L'INDESCRIPTIBLE

J'ai tenu mon journal intime d'août 1988 à août 1991. J'ai terminé le dernier cahier quelques semaines avant mon mariage. J'écrivais tous les jours, consciencieusement, sur des agendas ou des cahiers à carreaux. À partir de mon mariage, plus de carnets, plus rien. Je ne cesse pourtant pas d'écrire.

J'en ai terriblement besoin.

Je suis seule, alors écrire est une forme de thérapie. Mais je ne peux plus m'asseoir devant un bureau et ouvrir posément un cahier, à tête reposée. Je travaille comme une folle. Quand je suis à la maison, je me préoccupe surtout de mon petit

Seyed. Sélim est toujours dans mes pattes. Il fouille dans mes affaires.

Un extrait du journal que je tenais en Algérie, autour de 1990. Il témoigne de mon euphorie… et de mon désarroi.

Vous vous habituez vite à cette énormité chez les hommes violents : ils inspectent le derrière des armoires, vérifient le dessous des matelas, palpent les recoins cachés du canapé. Comme un policier en quête de preuves. Des preuves de quoi ? De votre immoralité, de votre déloyauté…

J'écris donc à la dérobée, à la va-vite, quand des événements très durs sont survenus, sur des dos d'enveloppes usagées, des tickets de métro, des bouts de papiers qui traînent. Je veux pouvoir me souvenir de tout. Bizarrement, alors que je suis si passive dans mon malheur, j'ai conscience de vivre quelque chose d'inhabituel, et je ressens la nécessité de tout consigner.

J'écris furtivement, puis je cache ces bouts de papier dans mon soutien-gorge, dans ma culotte, mes chaussettes ou sous la semelle intérieure de mes chaussures. Je suis comme une résistante qui transporte des messages importants, sauf que ces messages ne sont destinés qu'à moi-même. Je m'adresse des SOS.

Je me dis que lorsque cela ira mieux entre nous, je lui ferai relire mes textes, pour qu'il mesure le mal qu'il m'a fait… C'est d'une naïveté confondante ! Au fond, écrire, c'est rendre réelles et palpables les souffrances que j'endure, puisque lui-même me fait douter de la réalité.

Ces tickets, ces enveloppes qui racontent ma vie de malheureuse jeune mariée ont aujourd'hui disparu. Mais ces instants terribles restent gravés dans ma mémoire. En écrivant ce livre, je ressuscite d'une certaine manière les bouts de papier qui m'accompagnaient, et qui m'aidaient peut-être à ne pas sombrer définitivement. En écrivant ce livre, je clos mon journal intime des années noires. Et c'est une libération.

Lors de ce maudit mois d'avril 1993, la situation, qui est déjà cauchemardesque, empire. Seule ma mort, ou la sienne, semblent pouvoir stopper le processus.

Tout commence, là encore, lors d'une harassante fin de journée. Avec Michel, mon patron, nous sommes allés vendre des cannistrelli à Grenoble, et le retour à Lyon dans les embouteillages a été interminable. Je passe prendre Seyed chez sa nourrice – il n'est plus à la crèche depuis que j'ai quitté le centre maternel.

Quand nous arrivons à la maison, il est déjà 21 heures. Tout de suite, ça commence. Tout de suite.

Sélim me bat pendant une heure – avec quelques interruptions, comme toujours – parce qu'il ne me croit pas. Si j'arrive tard, c'est que j'ai forcément traîné avec des hommes, et d'ailleurs il sait que je couche avec Michel, et j'en passe.

À 22 heures, il quitte l'appartement. Je me lève tant bien que mal – je finis toujours par terre, me protégeant avec mes bras autant que faire ce peut. Seyed qui a alors 8 mois, s'est endormi. Je le déshabille, le change, le mets en pyjama, et le couche dans son berceau. Seyed est un bébé adorable. Il ne me pose jamais de problèmes. Il est délicieux. Il me soigne. Il est mon coin de paradis. Il est ce qui me fait tenir. Je ne me fais pas de souci pour lui – je n'imagine pas qu'il puisse ressentir la violence de son père contre sa mère, ou souffrir du mal-être de sa maman. Et puis, Sélim n'a jamais levé la main sur lui – peut-être en aurait-il été autrement s'il avait été une fille ? Je ne sais pas.

Mais cette nuit-là, c'est contre Seyed que Sélim veut retourner sa violence. Pour mieux m'atteindre, bien entendu.

Pour que Sélim ne soit pas tenté d'avoir un rapport avec moi, comme cela arrive fréquemment après les disputes ou les tabassages, je me couche dans le canapé du salon. Il rentre ivre à 1 heure du matin. Il exige que je lui fasse à manger sur le champ. Le corps endolori par les coups, émergeant brusquement du sommeil, je me mets en colère :

« Débrouille-toi ! Je dors ! De toute façon, quand je te fais à manger, tu ne touches à rien et tu finis par aller dîner dehors ! »

Je sais immédiatement que j'aurais mieux fait de me taire. Il débranche le câble du téléphone – Sélim a toujours des idées bizarres. Je m'accroche comme une folle à ma couette. Je suis en sous-vêtements. Je sais que je vais souffrir. Et puis quelque chose en moi se lève – c'est une des rares fois où véritablement, je me suis défendue. Je l'insulte, copieusement. Je hurle. Je commence à lui jeter des objets à la figure !

Après m'avoir regardée avec ironie, il me fouette, à quatre reprises, là où il m'a frappée quelques heures auparavant. Je hurle de douleur. Je crache toute ma haine, je dis que je ne vais pas interrompre la procédure de divorce, que c'est impossible avec ce qu'il me fait subir… Il s'arrête de frapper. Il va dans la chambre. Je m'apprête à me recoucher quand il revient.

« Regarde ! Regarde-moi ! », ordonne-t-il.

Je lève les yeux, et mon sang se glace : Seyed est dans ses bras, endormi, et Sélim pointe sur son petit cœur un énorme couteau de cuisine !

« Si tu portes plainte, si tu continues le divorce, je te jure, je le tuerai. »

Je me jette littéralement à ses pieds.

À ses pieds. Je fais fi de tout – mon corps en sang, mon âme en miettes. Et j'explique en sanglotant que jamais je ne le quitterais, que parfois je suis en colère, mais que je l'aime de toutes mes forces. À ce moment précis, mes larmes sont authentiques, mais je ne pense pas une seconde ce que je dis. Doucement, je lui reprends notre fils, qui s'est mis à pleurer. Sélim va se coucher. Je glisse mon bébé avec moi dans le canapé, et je ne ferme pas l'œil de la nuit. J'ai peur.

Cette nuit-là, Sélim a franchi une étape supplémentaire dans la cruauté.

MOI, ARMÉE D'UN COUTEAU À PAIN…

À cette époque, j'ai mis de côté une coquette somme : grâce à mon travail, et surtout à plusieurs dons de ma maman, j'ai pu amasser, année après année, quelques milliers d'euros. Mais le compte est à nos deux noms… Et Sélim, qui a des goûts de luxe, et qui ne travaille pas, ou rarement, pioche allègrement dans cette manne. Alors que je me prive par peur de l'avenir, il parade en costume chic, chaussures à 150 euros et gabardine. Quand il part voir sa famille en Algérie, il emporte des sacs entiers de baskets et de vêtements achetés avec… mon argent. Lorsque nous nous quitterons définitivement, il n'y aura plus un sou dans ce compte : il aura tout pris ! Je découvrirai même qu'il a acheté un appartement à Guelma… Mais oui !

Un soir, Sélim m'annonce qu'il a transféré ces économies, mes économies, sur un autre compte, dans une autre banque. Je lui demande de me montrer les papiers. Le nouveau compte est à son nom, uniquement.

Je suis au-delà de la colère. Je hurle entre les murs de notre petit appartement. Comme souvent quand je proteste, quand je me rebelle, il rit. Et me lance :

« Mais regarde-toi ! Tu es folle ! Tu te rends compte que tu es complètement folle ? Les gens pensent que tu es *maboule* ! »

Et tranquillement, avec un petit sourire satisfait, il ajoute :

« Sabrina, si tu as besoin d'argent, eh bien, il te suffit de m'en demander. Il n'y a aucun problème… »

J'explose : « Je me crève tous les jours pour gagner de l'argent et je vais devoir te quémander quelques billets ! C'est hors de question ! Tu transformes ce nouveau compte en compte joint, et rapidement ! »

Il refuse, bien sûr. Le lendemain, je vais à la banque choisie par Sélim et je demande à voir le directeur de l'agence. Il me dit qu'il ne peut rien faire. Je n'ai aucun pouvoir, aucune signature. Je suis folle de rage. Je vais ensuite à la caisse d'épargne, et je place sur un livret A, à mon seul nom, une somme de 1500 euros qui est à la maison.

Maigre vengeance.

Très vite, Sélim se rend compte que les 1500 euros ont disparu. Ça le rend fou. J'ai l'impression, nouvelle, d'avoir en face de moi un toxicomane en manque. Je l'ai rarement vu dans cet état. Cette nuit-là, je vais presque y passer. Je n'oublierai jamais ces longues heures où il s'est défoulé sur moi. À un moment, je tente de lui répondre, de le frapper à mon tour : il coince ma tête entre ses jambes, et me donne des dizaines de coups de poing sur le dos. Je suis physiquement impuissante – depuis, j'ai pratiqué le ju-jitsu et la boxe française, et je sais que j'aurais pu l'immobiliser en quelques secondes. Il est sec et nerveux, mais pas musclé.

Il me jette ensuite contre le mur et il passe aux coups de pied. Dans mon ventre. Dans ma poitrine. Enfin, il se jette sur moi et tente de m'étrangler. Cela dépasse tout ce qu'il a fait jusque-là. Je suffoque. Mais quelque chose en moi ne veut pas mourir. Quelqu'un dans cet appartement, qui dort à quelques mètres, a besoin de moi. Je ferais n'importe quoi pour respirer à nouveau, pour me tenir debout.

Je veux vivre !

Je lui promets dans un souffle que dès le lendemain je ramènerai les 1 500 euros à la maison.

Il me regarde de ses yeux fous et me lâche. Je suis au bord de la perte de conscience. J'ai droit, en conclusion, à quelques coups de pied, et puis, soudain, il va se coucher.

Voyez comment une femme peut décéder sous les coups de son mari. Il suffit de l'étrangler, par exemple. Ou de la tabasser à mort. Ça vient vite, vous savez.

Oh, mon pauvre visage dans la glace, mon corps anéanti… J'essaie de me coucher sur le canapé du salon, mais je ne peux même pas poser ma tête sur le coussin. Tout à coup, la haine me traverse le corps. La chambre est silencieuse, le monstre s'est endormi.

Je me lève, j'attrape un couteau à pain dans la cuisine et je m'approche du lit.

Je suis prête à enfoncer la lame dans son cœur. Comme un écho de ce qu'il a menacé de faire à Seyed quelques jours plus tôt. Je m'approche. Mon cœur bat à tout rompre.

Je reste quelques secondes ainsi, couteau brandi. Je pleure. Je tremble de tous mes membres. Quelque chose retient ma main. Un ange gardien qui veut m'éviter l'irréparable. Dieu, peut-être.

Je repose le couteau dans la cuisine et je m'enferme dans la salle de bains. Il est 4 heures du matin. Je me mets en boule, comme un fœtus. Et je pleure, et je prie, et je pleure, et je prie.

À 7 heures, le monstre se réveille :

« N'oublie pas d'aller à la banque aujourd'hui ! Ça ira mal pour toi ce soir si tu ne le fais pas ! »

Je le ferai bien sûr.

De cette époque odieuse, j'ai retrouvé un témoignage. Une lettre pleine de colère et de larmes, glissée dans un de mes journaux intimes. En fait, la copie d'une lettre que j'avais envoyée à mes parents, à Guelma et dont j'ai conservé le brouillon.

« Lyon, le 13 avril 1993
à 11 heures du soir
Très chers parents et petite sœur Nina,

C'est pour moi une immense joie de prendre mon stylo pour rédiger cette lettre, qui j'espère vous trouvera en bonne et parfaite santé. Je m'excuse de ce long retard de lettres mais je préfère vous téléphoner quand j'ai l'occasion de le faire, au boulot.

Maman, je m'excuse pour le coup de téléphone de vendredi soir à 10 heures, mais j'étais vraiment à bout et je voulais vraiment que tu sois là pour m'écouter, car je me tais depuis déjà trop longtemps, et je savais que toi seule pouvais me conseiller.

À vrai dire, je suis à un tournant de ma vie de femme, de mère d'un bébé magnifique. Tout bascule. Je me suis mariée par amour à un homme que j'ai vraiment aimé du plus profond de moi, mais en analysant bien tout ce qui m'est arrivé avec lui depuis l'année 1986, c'est-à-dire presque huit ans, j'ai réalisé que je m'étais trompée. Car je suis, comme des millions de femmes dans le monde entier, une femme battue, au sens propre du mot. Je ne veux pas t'expliquer en détail comment et de quelle façon il m'a battue et me bat toujours, parce que je sais que ça vous ferait autant de mal à tous qu'à moi.

Comment j'ai pu supporter cette violence ? Un jour, j'ai dit stop. Ma conscience et mon subconscient m'ont fait réfléchir, et un jour j'ai dit que j'en avais assez d'être battue pour rien.

Alors maman, j'ai décidé de me séparer de lui. Mais le pire c'est qu'il n'accepte pas le divorce : être battue n'est pas pour lui une raison de divorcer, c'est une preuve d'amour. Quand il dit que c'est Meryem, Shérazade ou Rian qui m'incitent à divorcer, c'est faux : ça fait plus de deux mois que je ne les ai pas vus ! Il n'arrête pas, pour un oui ou pour un non, de me taper dessus. Je te donne juste un exemple, maman, mais je ne veux pas que ça te fasse de la peine. Ça m'a marquée pour la vie et je ne lui pardonnerai jamais. C'était le 19 août 1992. J'avais accouché le 18 août. J'étais dans ma chambre, à l'hôpital Édouard-Herriot, couchée dans mon lit [...] Après que Nadia est partie, Sélim est entré dans la chambre, m'a attrapée par les cheveux, m'a traî-

née dans la chambre, me tapant avec ses pieds sur la... »

En relisant cette lettre incomplète, certaines phrases m'interpellent. « *Un jour, j'ai dit stop* » est pathétique : à la ligne précédente, je raconte qu'il continue à me battre ! Mais j'ai franchi un cap dans ma tête. J'ai mûri une réflexion. Même si je n'ai pas encore dit « *stop* », le véritable déclic viendra plus tard. Il y aussi ces mots incroyables : « *Un jour j'ai dit que j'en avais assez d'être battue pour rien* ». Comme s'il était légitime d'être battue pour « quelque chose » !

Peut-être, je ne sais plus. Sélim n'accepte pas le divorce, et surtout, il refuse de quitter l'appartement. Et comme c'est mon appartement, loué avec mon argent, je ne veux pas le quitter, je ne veux pas le lui laisser. C'est l'impasse. Mais les choses vont changer.

JE VIDE MON SAC

Mon visage est enflé, contusionné. J'ai l'impression que ma tête a doublé de volume. Je m'arrête – provisoirement – de travailler. Je ne peux plus supporter la présence de Sélim, et j'ai terriblement besoin de voir ma mère. Je décide de partir quelques semaines à Guelma, avec Seyed. D'autant que mes parents n'ont encore jamais vu leur petit-fils.

Je crois avoir besoin d'un papier signé de Sélim pour quitter la France avec Seyed. Au consulat d'Algérie, on m'explique que c'est au retour, quand je quitterai l'Algérie, que j'aurai besoin de cette autorisation. Sélim, qui ne veut pas que ma famille me voie dans cet état, refuse de signer quoi que ce soit. Je demande donc à rencontrer le vice-consul. Il me reçoit gentiment.

« Voulez-vous que je convoque votre mari ? Je vais essayer de le convaincre. Et s'il ne se présente pas au bout de trois convocations, je remplirai moi-même une sortie du territoire algérien pour votre fils. »

Je suis atterrée. Si j'attends cette autorisation, mon voyage est repoussé de plusieurs semaines. Je lui fais comprendre que je dois impérativement partir tout de suite. J'évoque la violence de Sélim. Je vais tellement mal que je dois être convaincante. Il me fait une fleur :

« Partez maintenant avec votre fils. Je vais convoquer votre mari, et s'il ne veut pas remplir l'autorisation, je le ferai moi-même et je l'enverrai chez vos parents.

- C'est possible ? »

Mon cœur chante.

« Oui, oui. Je m'en occupe. »

Je lui donne tous les renseignements nécessaires. Je rentre précipitamment à l'appartement. Sélim est absent. Parfait. Je prends les 1500 euros que j'ai remis dans le placard, je fais mes valises en un clin d'œil et je me sauve. Je quitte Lyon avec mon petit garçon. Après une nuit passée chez mon frère Rian, en Isère, nous nous envolons le 1er mai 1993.

Dieu qu'ils sont doux, ces moments où je parviens à fuir l'enfer ! Quelle incroyable sensation de liberté ! Dans l'avion, je me sens comme une hirondelle en plein ciel. J'imagine avec un certain plaisir la réaction de Sélim découvrant l'appartement vide et l'argent disparu ! Quand je vois mes parents à l'aéroport d'Annaba, je me transforme instantanément en fontaine de larmes. Ah ! Ce soulagement, la joie de leur présenter Seyed, l'impression que la vie est revenue…

La paix dure vingt et un jours. Très précisément. Ma belle-famille vient à la maison pour rendre visite à Seyed. Les sœurs et la mère de Sélim voient mon visage blessé, et se gardent de faire la moindre réflexion. Quand mon mari téléphone, je refuse systématiquement de lui parler. Je suis suivie par un garçon de sa famille dès que je sors dans Guelma, mais j'ai l'habitude et ça ne me soucie guère. C'est bon d'être redevenue une petite fille, d'être dorlotée par ses parents, après ce que je viens de vivre.

Le 15 mai, je reçois une copie de la fameuse autorisation, que Sélim s'est décidé à signer. Et après ce geste de bonne volonté, le signataire lui-même débarque à Guelma, espérant une réconciliation. Nous sommes le 22 mai 1993. Depuis quelques jours, sa famille est passée à l'étape supérieure, insistant pour que Sélim et moi, nous revivions ensemble. Et voilà qu'il débarque, maintenant. Tout cela semble très organisé. De guerre lasse, et avec mon accord, ma mère propose une sorte de conseil de famille. Chez nous, dans le petit salon.

Je revois la scène. Nous sommes dix. Moi, calée dans un fauteuil. Mon père dans l'autre, juste à côté, je lui ai demandé d'être là. Ma mère, Sélim, ses parents et quatre de ses sœurs ont pris place dans le canapé en cuir et sur les banquettes. La discussion s'ouvre. Très vite, elle se transforme en monologue : le mien.

C'est simple, pour la première fois, je raconte tout, depuis notre départ en France jusqu'à aujourd'hui. Un déluge verbal, ininterrompu. Je suis moi, enfin ! Tout à coup, je me sens le droit de dire combien ce que je vis est injuste. Je ne suis pas cette chose apeurée qui ne croit même plus en ses propres sentiments. Non, là, je me retrouve. Je parle, je pleure parfois, mais que c'est bon de pouvoir tout lâcher… Sélim et toute sa famille ont les yeux rivés au sol.

Mon père est bouleversé :

« Pourquoi ne m'as-tu rien dit, ma fille ? Pourquoi ? Je serais venu te voir en France tout de suite ! Je t'aurais aidée ! »

Il ne supporte pas que je révèle mes séjours dans les foyers d'accueil d'urgence.

« Ma fille, sans-abri, alors que nous avons deux maisons ici ?! »

Il parle de cette grande maison, et d'une autre, qui jouxte son entreprise.

La mère de Sélim, Maman Dabia, a cette phrase :

« La vie, c'est dur, ma fille, moi aussi j'ai pris des coups de mon mari… Quelle femme n'a pas été frappée ? »

Ma mère se met en colère.

« Frappée comme ça ? Avec le nez cassé deux fois, fouettée pendant son voyage de noces, pendant sa grossesse, traînée enceinte dans les escaliers ? Vous avez déjà été frappée comme ça, vraiment ? »

Tout à coup, sans réfléchir, je me lève. Il fait déjà chaud en ce mois de mai, mes jambes sont nues sous ma robe. Je la relève de quelques centimètres, en m'excusant auprès de mon père, parce que cela ne se fait pas en Algérie. Et je montre mes bleus. J'ajoute : « Ce n'est qu'un aperçu », et je me rassois. Sélim se sent alors obligé de prendre la parole. À mon grand soulagement, il ne dément rien. Comment le pourrait-il ? Mais il raconte sa version des faits…

« C'est vrai, je t'ai frappée. Mais tu n'es jamais à la maison, tu travailles à des heures impossibles, on ne te voit plus ! Et le peu de temps où tu es là, tu t'occupes de Seyed, pas de moi ! Moi aussi, j'existe ! »

C'est le pompon.

« Mais si je rentre à des heures impossibles, comme tu dis, c'est parce que TOI tu ne travailles pas ! Tu ne rapportes pas d'argent ! Il faut bien que quelqu'un le fasse ! Et tu oses dire que je m'occupe trop de Seyed ! Si je n'étais pas là, ce pauvre enfant serait à la rue ! Jamais tu ne l'as nourri, jamais tu ne lui as chanté une berceuse... »

Je continue à crier un peu. Je suis enfin en position de force. Mon mari ne dit plus un mot. Son visage est neutre. Je suis étonnée de ce silence, étonnée de ma puissance. Je devrais comprendre que quelque chose cloche.

Sa mère suggère que je redonne une chance à Sélim. Quant à moi, je suis dans cette ivresse de la révélation, tellement satisfaite d'avoir tout dit, que l'optimisme m'envahit. Stupidement. Disons que je ne veux pas rater l'occasion d'une vie à deux enfin apaisée.

« D'accord. »

Quelle folie ! Quelle erreur !

« Mais à deux conditions. La première, c'est que tu cherches véritablement du travail. La deuxième, c'est que tu ne lèves plus jamais la main sur moi. Sinon, je maintiens ma demande de divorce. »

Il me regarde de travers, mais il dit : « Bien. Nous pouvons rentrer dès demain en France. J'ai pris deux billets pour le vol du début d'après-midi ».
Tiens donc… Il a tout calculé.

Tout le monde se lève. Se salue. Puis Sélim s'approche de moi.
« Je voudrais que Seyed dorme chez nous ce soir », demande-t-il.

Danger ! Danger !

« Non.

- Écoute, c'est injuste, il n'est jamais venu chez mes parents, mes frères et sœurs le connaissent à peine… Laisse-le une nuit, et nous rentrons tous ensemble demain. »

J'accepte. Je prépare un petit sac avec des couches et des vêtements, du lait en poudre. Je discute longuement avec mes parents de tous ces événements. Je monte me coucher pleine d'espoir, et, je l'admets, presque à nouveau attirée par lui. « Emprise » n'est pas un vain mot…

Je vais bientôt être vaccinée.

SEYED OTAGE !

À 8 heures du matin, Sélim au téléphone :

« Sabrina, je veux te parler.

- Mais on se voit tout à l'heure !

- Je veux te parler maintenant. C'est urgent. On se retrouve dans la ruelle. »

Je sors, dévorée d'angoisse.

« Écoute, Sabrina, écoute et ne t'énerve pas. Nous repartons tous les deux en France cet après-midi, mais Seyed va rester chez mes parents. »

Je crois que je vais tomber.

« Quoi ? Quoi ? Tu es fou !

- Écoute-moi. Nous allons travailler dur tous les deux. Nous aurons peu de temps pour lui. Tu ne crois pas qu'il est mieux ici qu'à la crèche ?

- Non ! Non, je ne crois pas ! Et puisque tu vois les choses comme ça, je ne travaillerai pas. Je m'occuperai de lui, et toi, comme tous les hommes, tu iras gagner ta croûte. Jamais je ne partirai sans mon fils ! Jamais ! Mais tu l'aimes, Seyed ? Ou tu préfères l'abandonner ?

- Je ne l'abandonne pas, je le confie à ma famille ! »

Et tout à coup, je comprends la manœuvre. Bien sûr ! Quelle idiote !

Je parle plus calmement.

« Tu sais très bien que tu ne pourras pas t'empêcher de me frapper quand nous serons rentrés. Tu sais très bien qu'alors, j'irai jusqu'au bout de la procédure de divorce. Mais je n'aurai pas la garde de Seyed, puisqu'il sera ici, chez tes parents ! C'est ça, ton idée ? C'est ça ? »

Voyez comme je suis capable de passer de la béatitude stupide (la veille) à un sursaut de clairvoyance et de lucidité (ce jour-là). Il ne dit rien, embarrassé, bientôt en colère. Je continue :

« Et donc, hier soir dans le salon, tu as menti, n'est-ce pas ? Tu m'as fait des promesses uniquement pour pouvoir emmener Seyed chez tes parents !

- Ce que je t'ai dit n'est pas une proposition, Sabrina. C'est une décision. C'est comme ça. »

Je me déchaîne, je hurle. Je suis folle de désespoir, écœurée de mon impuissance et pleine de mépris pour moi-même. Comment, mais *comment* ai-je pu croire à ses promesses, à ce visage vaguement bienveillant de la veille ? Il ne faut *jamais* croire un homme violent, c'est la base si l'on veut rester vivante.

« Salaud ! Espèce de salaud ! Tu es un monstre ! »

Et ce qui doit arriver arrive : Sélim me flanque un grand coup de poing dans la bouche. En larmes et la lèvre ouverte, je me précipite chez ses parents. Je sonne. Sa mère est à la porte.

« Je veux voir mon fils ! hurlé-je. Je veux le voir maintenant ! »

Derrière moi, Sélim crie :

« Non ! Non ! Je te l'interdis !

- Je suis sa mère ! Maman Dabia, pourquoi vous me faites ça ? Pourquoi, pourquoi ? »

Maman Dabia ne dit rien. Sélim a franchi le seuil, se retrouve face à moi.

« Calme-toi, Sabrina... »

Vous ne rêvez pas, il vient de m'ouvrir la lèvre, de m'enlever mon fils, et il me dit de me calmer !

« Calme-toi, maintenant. Il va bien. Il est avec ma sœur, elle est aussi capable que toi de s'en occuper.

- C'est *mon* fils ! *Mon* fils ! »

Il hausse les épaules et commence à fermer la porte.

Vite, une idée.

« Très bien, dis-je. Je renonce à rentrer en France. Redonne-moi mon fils, et je rentre chez mes parents avec lui.

- D'accord. Alors va me chercher ton passeport et ta carte d'identité française. Tu me les donnes. Comme ça, je suis sûr que tu ne prendras pas l'avion avec Seyed.

- Je te maudis ! Ordure ! »

Je suis au plus bas. Plus bas que la terre. Comme enterrée vivante. Et puis, lumière dans la tempête, je vois ma mère arriver vers nous. Des jeunes du quartier ont tout vu, tout entendu. Ils sont allés lui dire que Sélim m'a frappée dans la rue, et qu'il retient Seyed chez lui. Elle s'approche de Sélim, hors d'elle et le saisit par la chemise.

« Tu n'es pas un homme, même si tu portes un pantalon ! Tu fais du chantage avec un bébé ! Tu n'as pas honte ? Je veux voir Seyed, maintenant ! Amène-le ! *Amène-le* ! »

Ma mère est en furie, et Sélim sûr de lui, odieux.

« Seyed restera ici. Nous repartons pour la France. Ma mère est tout à fait capable de s'occuper de mon fils.

- Je ne pars pas sans Seyed, dis-je, en larmes.

- Ma famille s'occupera très bien de lui, réplique Sélim.

- Très bien. Nous allons prévenir la police, dit ma mère.

- C'est ça… »

Sélim n'en croit pas un mot. Il rentre chez lui, satisfait.

Ma mère prend ma main. Je suis une toute petite fille accrochée à une branche au milieu de l'océan. Mon bébé m'a été enlevé, je ne suis plus rien. Elle m'emmène à l'hôpital pour faire constater la blessure, et nous allons porter plainte au poste de police du quartier. Pour le coup sur la bouche, et bien sûr pour l'enlèvement. Il faut revenir le lendemain, pour une confrontation.

Je ne dors pas cette nuit-là. Je ne fais que pleurer. Sur ma propre stupidité, et sur ce destin qui décidément, s'acharne.

Au poste, le lendemain, pas de Sélim. Pour le représenter, son beau-frère, le patron du hammam, et son père. Cet homme habituellement en retrait, silencieux, est sorti de chez lui pour défendre Sélim : « Mon fils est reparti pour la France hier après-midi, explique-t-il. Il est obligé. »

Je n'en reviens pas. Je comprendrai plus tard ce qu'il mijote.

« Le salaud ! Il a laissé son fils tout seul !

- Il n'est pas tout seul, il est chez nous ! », réplique son père.

L'inspecteur de police nous écoute. Manifestement, il n'a pas l'intention de trancher, ni de prendre la moindre décision. Quel courage... Il nous donne un nouveau rendez-vous.

Dans l'intervalle, je réussis à obtenir une audience auprès du procureur de Guelma. Je soulèverais des montagnes. Rien, rien ne peut m'arrêter. J'explique tout. Et ça marche ! Ça marche, malgré l'intervention de mon beau-frère, venu le voir à son tour en catastrophe, mais qui ne réussit pas à le convaincre que je suis une mère indigne. Le procureur demande à l'inspecteur de contraindre ma belle-famille à me rendre Seyed.

Le surlendemain, le cœur battant, je me rends au poste avec mes parents. Seyed est là, dans les bras de ma belle-mère. Je m'approche d'elle, tendant les bras. Elle ne veut pas me donner mon fils. Elle le tient contre elle, comme une gamine butée. C'est le policier qui prend mon bébé, et me le remets. Oh, je le serre, je le serre, je le couvre de baisers…

Une des sœurs de Sélim ose :

« Vous ne devriez pas le lui rendre, monsieur l'inspecteur. Cet enfant est le fils de mon frère et sa place est ici. En France, il est abandonné toute la journée pendant que sa mère fait le trottoir ! »

C'est un complot familial. Tout est calculé, jusqu'à leurs mines déconfites. Ces femmes sont aveugles, toutes à la cause de leur fils et frère, liguées contre une autre femme, une femme battue. C'est spectaculaire. Et inquiétant.

Je tourne les talons. Nous passons une soirée pleine de rires et de joie. Seyed trône parmi nous comme un petit prince, du haut de ses neuf mois.

Je veux quitter l'Algérie dès le lendemain. Je trouve un billet au départ de Constantine. Je crains que les relations de mon beau-frère avec les douaniers et policiers de l'aéroport d'Annaba ne me créent de nouveaux ennuis. Mes parents m'accompagnent. À l'embarquement, on me demande la fameuse autorisation de Sélim envoyée par le vice-consul. Je la dégaine, plutôt tranquille. Mais j'ai droit à une douche froide :

« Je suis désolé, madame, ce n'est pas l'original, c'est une copie. Vous ne pouvez pas quitter le territoire algérien avec votre enfant.

- C'est le consulat d'Algérie à Lyon qui m'a envoyé cette autorisation !, argumenté-je au bord des larmes. Mon mari l'a signée là-bas ! J'ai même la lettre du vice-consul qui accompagnait le papier ! »

L'employé des douanes parcourt la lettre. Peine perdue :

« En l'absence de votre mari, je suis obligé de vous demander l'original. »

En Algérie, les tapis roulants et la climatisation ne marchent pas dans les aéroports, mais la bureaucratie est en pleine forme !

Tout à coup, un cri, une voix. Mon beau-frère a surgit comme par enchantement ! Il est là, à côté d'un autre douanier. Comment cela est-il possible ? Il m'a donc suivie ? Il me montre du doigt en hurlant : « Ne la laissez pas partir ! Elle kidnappe le fils de mon frère ! » Imaginez la scène. À l'époque, nous sommes en pleine guerre civile. Une rangée de militaires, armes à la main, se tourne vers moi. Mais ça ne m'impressionne pas plus que cela. J'ai ma propre guerre à mener.

Je quitte le comptoir et je m'approche de lui :

« Espèce de cinglé ! Salopard ! Tu mens ! Il ment ! »

Et je lui crache à la figure. Pas très élégant, j'en conviens. Peut-être une manière de me venger de Sélim, qui pratique régulièrement cette activité à la maison.

« Madame, du calme ! intervient le douanier. De toute façon, vous ne pouvez pas partir avec votre bébé. »

Mes parents me font signe de venir vers eux :

« Sabrina, ça ne sert à rien d'insister. Quoi qu'il arrive, tu auras tort. Ou tu renonces et nous rentrons à Guelma pour voir ce qu'il est possible de faire, ou tu pars seule, nous gardons Seyed et tu retournes au consulat pour régler ça. »

Je réfléchis à toute vitesse. Puis je tends Seyed à ma mère, la gorge nouée :

« Je rentre à Lyon chercher l'original. Et je reviens aussi vite que possible ».

Je griffonne une autorisation de garde pour mes parents. Je prends de nouveau mon fils dans mes bras :

« Tu vas rester avec ta grand-mère, et puis je vais revenir. D'accord ? »

Il me regarde avec ses grands yeux verts. Son sourire me fend le cœur. Je le serre une derrière fois contre moi, puis je me dirige vers le comptoir d'embarquement, à la fois désemparée et résolue.

Mon beau-frère ne m'a pas suivie ce jour-là. Non, comme je l'apprendrai plus tard, il était là pour accueillir… Sélim, qui revenait de Lyon en hâte pour m'empêcher de partir avec notre fils ! Il est très possible que je me sois assise dans l'avion qu'il venait de quitter !

Et ce n'est pas terminé.

Voici une lettre envoyée par Sélim au Procureur de la République de Lyon pendant cette période. Il se trouveait alors à Guelma, et je suis revenue à Lyon sans mon fils, faute d'autorisation. Il est impressionnant de voir comment il s'arrange avec la réalité :

Guelma, Algérie, le 9 juin 1993

À Monsieur le Procureur général de la République de Lyon

Monsieur, j'ai l'honneur de venir avec ma présente vous rendre compte des agissements sans fondements que ma femme [...] a entrepris auprès de votre juridiction [...] qui ont pour objectif la destruction de mon foyer conjugal. Ces agissements, monsieur le Procureur général, se résument comme suit : déposition d'une action de divorce infondée auprès du Tribunal de grande instance de Lyon, à mon encontre.

Ma femme est dépourvue de tout sens moral, car c'est une femme voleuse.

Elle est continuellement en état d'ivresse, et battue[1].

Elle ignore complètement son devoir conjugal et sa responsabilité maternelle envers notre bébé, c'est pour cela que je vous signale, monsieur le Procureur, qu'en la date du 30 avril 1993, ma femme a quitté notre domicile et a fait extrader mon fils avec elle vers l'Al-

1 - Pas par lui, bien sûr ! Sélim a expliqué à plusieurs reprises au poste de police du quartier que je rentrais pleine de bleus à la fin de la journée, et qu'il se demandait d'où ça venait !

gérie sans mon autorisation et sans que je le sache. En vue de me réconcilier avec ma femme et permettre son retour en France ainsi que celui de mon fils, je suis rentré en Algérie le 22 mai 1993, ayant entrepris toutes les mesures pour la convaincre [...], mais hélas elle a manifesté un refus catégorique [...]

Le 4 juin 1993 [j'ai dû] rentrer en France pour reprendre mon travail.

Une deuxième fois, je suis retourné en Algérie, le 7 juin, pour ramener ma femme. En arrivant, j'ai constaté que mon épouse avait quitté l'Algérie toute seule vers la France, sans mon gosse qui se trouve actuellement chez mes beaux-parents[2]*.*

Pour cela, je vous prie, Monsieur le Procureur, de bien vouloir arrêter tout procès a mon encontre jusqu'à mon prochain retour, et ce afin de pouvoir vous éclairer le mieux possible.

Comptant sur votre compréhension, Monsieur, veuillez croire à mes sincères salutations,

[...]

On a presque envie de le plaindre...

2 - Sélim ne raconte pas qu'il a enlevé Seyed pendant plusieurs jours, et que c'est le procureur de Guelma qui a intimé à sa famille l'ordre de le rendre à la mienne !

JAMAIS SANS MON FILS

Une fois arrivée à Lyon, impossible d'ouvrir la porte de l'appartement. Dix fois, vingt fois, la clé tourne sans succès dans la serrure. Sélim a dû trafiquer quelque chose pour que je ne puisse pas rentrer. De mieux en mieux… Je m'assois sur les marches. Je cherche une solution. Il est 20 heures. Je n'ai pas d'amis chez qui dormir. Je crois que Sélim est à Lyon. Je me demande si je vais attendre son retour et prendre le risque de me faire battre. Je passe au poste de police, où on ne peut rien pour moi. J'appelle un serrurier depuis une cabine. Mais le prix – nous sommes le soir et en plein week-end – est exorbitant. Je n'ai plus d'argent liquide sur moi, et ma carte de retrait ne veut rien me donner…

Je finis par joindre, la mort dans l'âme, le foyer d'urgence qui m'a hébergée trois semaines lors de mon arrivée à Lyon. Ils ne prennent pas les femmes seules, mais ils m'adressent à un autre centre, où je passe la nuit. Je vous laisse imaginer l'état dans lequel je suis. Le lendemain, moyennant 70 euros, je suis enfin chez moi.

Enfin, chez moi… façon de parler.

Les lampes ont été démontées. Le frigo, vide, est débranché. Nos affaires ont été jetées dans des sacs et des cabas. Tout est en plan, comme si le déménageur avait dû partir précipitamment. Je suis stupéfaite, je ne comprends rien. Coup de chance, le téléphone fonctionne encore : j'appelle ma mère à Guelma. Là, j'apprends que Sélim est sur place, que nous nous sommes croisés sans le savoir à l'aéroport, et qu'il est venu à la maison de mes parents pour essayer de reprendre Seyed… Tout s'éclaire.

S'il a loupé la confrontation avec la police à Guelma, c'est parce qu'il est parti récupérer ses affaires dans notre appartement en France, en mon absence, histoire de rappliquer ensuite en Algérie et de vivre avec son fils dans la maison de sa mère ! C'est sa nouvelle idée : puisque la séparation semble inéluctable, autant s'approprier Seyed avant que la garde ne me soit confiée… Et s'il a quitté notre appartement sans avoir le temps de finir les cartons, c'est qu'il s'est précipité dans le premier avion quand il a appris que Seyed était revenu chez moi. Je comprends mieux la panique du beau-frère me voyant partir avec Seyed, alors qu'il attendait Sélim, venu récupérer son fils.

Quelque chose m'échappe quand même. Si Sélim a fait le voyage, c'est qu'il sait que de toute façon, je ne réussirai pas à prendre l'avion avec notre enfant. Pourtant, il a signé cette fameuse autorisation. Comment est-il au courant ?

Simple. Après s'être senti obligé de remplir cette autorisation, peut-être parce que le vice-consul l'impressionnait, Sélim, réalisant que Seyed et moi allions lui échapper, est tout bonnement retourné voir le vice-consul pour lui expliquer qu'il avait décidé de repartir en Algérie pour se réconcilier avec moi. Et que nous n'avions pas besoin, tout compte fait, du document : nous allions rentrer tous les trois pour Lyon, heureux et unis, et tout irait pour le mieux dans le meilleur des mondes. Les couples traversent parfois des passes difficiles, etc.

J'apprends tout ceci dans le bureau du vice-consul. J'écoute, sidérée, le récit de cette opération de charme. L'homme, bien embêté, se justifie comme il peut :

« Écoutez, je l'ai trouvé charmant, et je n'avais pas du tout l'impression qu'il cherchait à vous nuire. Je vous ai envoyé une copie, mais c'est lui qui a l'original. Je pensais qu'il vous le communiquerait si vous en aviez besoin… »

Je suis effondrée. Je viens de passer trois jours à essayer de démêler mon affaire, entre le commissariat, le tribunal, la préfecture et mon avocate. Partout on m'a dit que sans cet original, je ne pouvais pas faire sortir Seyed d'Algérie. Et maintenant j'apprends que le précieux papier est entre les mains de Sélim !

Je me mets à pleurer, face au vice-consul embarrassé par sa bourde.

« Vous êtes mon seul espoir, dis-je entre deux sanglots. Est-ce que je peux imiter la signature de mon mari sur une nouvelle autorisation ?

- Certainement pas ! Je ne veux pas risquer ma place ! »

Nous dialoguons, très longtemps. Le consulat ferme ses portes et je suis toujours là, à lui raconter ma vie. Je le sens pris en tenaille. Il veut m'aider pour rattraper le coup, mais n'en a pas le droit.

Et puis, comme cela arrive parfois dans une vie – trop rarement – son cœur parle. Je sors du bureau avec une nouvelle autorisation. Ce n'est pas tout à fait un faux, puisque l'original existe, et que Sélim l'a réellement signé ! J'ai le cœur léger. Je me crois sauvée.

Sélim appelle à la maison pendant que je prépare à nouveau mes bagages pour Guelma. Il plaide, tiens donc, pour une réconciliation définitive. Alors même qu'il a commencé à liquider l'appartement. C'est presque cocasse. Je l'envoie balader, sans rien lui dire de mes projets… Fou furieux, il enlève le masque :

« Très bien. Tu n'auras jamais l'original de l'autorisation. C'est moi qui l'ai. »

Cela, hélas, je l'ai compris. Mais le reste est plus grave :

« Et tu sais quoi ? Je viens de faire envoyer une interdiction de sortie du territoire dans tous les aéroports d'Algérie. Tu ne pourras jamais ramener Seyed en France ! »

Voilà qui fiche tout par terre ! Le papier obtenu victorieusement ne semble plus d'aucune utilité. Je le traite de salaud, je raccroche et j'appelle ma mère. Cette bataille pour pouvoir vivre en France avec mon fils me donne suffisamment de force pour ne pas perdre tout espoir. Je veux y arriver, à n'importe quel prix. Nous décidons que je viendrai à Guelma, mais en cachette. Une fois réunis, nous déciderons de la marche à suivre.

LA FUITE

Les jours suivants ressemblent à un film d'aventure. Il ne faut pas que la famille de Sélim soit au courant de ma présence à Guelma. Dans l'avion, je pose donc un voile sur mes cheveux – c'est la première fois de ma vie que je le fais, et la dernière ! – et je noue un mouchoir au-dessus de mon nez, qui couvre ma bouche. Je ressemble à une Algérienne traditionnelle. Passe-partout.

Mon frère Heddi vient me chercher et m'emmène chez ma grand-mère où je reste jusqu'à la tombée de la nuit. Nous allons ensuite dans la grande maison, en rentrant par une porte de derrière. Et je retrouve tous les miens, mon Seyed que je couvre de baisers, mes parents, mon oncle et ma tante, ma petite Nina.

La réunion de famille commence. Mon père fait le point :

« C'est impossible de prendre l'avion en Algérie puisque Sélim a rempli une interdiction de sortie de territoire. On va essayer d'autres voies. Il y a le Maroc, mais je crois que la frontière est fermée en ce moment. Je ne vois que la Tunisie. Nous allons en Tunisie en voiture, et Sabrina prend ensuite l'avion ou le bateau pour la France.

- Mais l'interdiction a peut-être été diffusée aux postes-frontières, pas seulement dans les aéroports ! s'inquiète ma mère.

- Je ne suis pas sûr que Sélim ait demandé ça. Et puis, il y en a trop. Ils n'ont pas les moyens de l'envoyer partout », dit Heddi.

Il se trompe, mais nous l'ignorons.

« D'accord, mais supposons quand même qu'ils l'aient ? demandé-je.

- Eh bien, ils nous refusent le passage, ils préviennent la police, et le tribunal octroie la garde de Seyed à son père, puisque tu as essayé de l'enlever... »

Vision de cauchemar. Mon enfant élevé par un père qui ne s'est jamais occupé de lui, dans un pays qui n'est pas celui où je désire vivre, et où je serai obligée de résider pour voir Seyed grandir ! Mais si je ne fais rien, je suis coincée ici pour des années, à deux pas de ma belle-famille prête à fomenter tous les coups fourrés imaginables, à m'arracher Seyed par tous les moyens.

Je reprends la parole :

« Voyons, j'ai deux autorisations. La copie envoyée par le consulat, et le "faux original". Un document pour la frontière, un autre pour l'aéroport. Allez, on essaie ».

Pendant trois jours, je reste cloîtrée. Volontairement, cette fois ! Je ne réponds pas au téléphone, je n'approche pas des fenêtres, je ne mets pas le nez dehors. J'en profite pour dorloter Seyed. Le quatrième jour, je prépare nos valises et nous nous engouffrons dans la voiture à 3 heures du matin. Heddi conduit, mon oncle à ses côtés. Je suis allongée sur la banquette arrière avec mon fils. Nous traversons Guelma comme des voleurs ! Après une dizaine de kilomètres, je me redresse. Seyed dort paisiblement.

« Il reste combien de temps jusqu'à la frontière ? demandé-je.

- À peu près quatre heures. Si tout va bien, ce soir, tu es en France !

- Inch'Allah, murmuré-je. Si Dieu le veut… »

Nous réfléchissons en silence. Je veux utiliser l'original à la frontière tunisienne, et la copie à l'aéroport. Mais le risque est grand que les douaniers ne veuillent pas de cette copie, comme cela s'est passé à Constantine. Je dis mes craintes à haute voix, et mon frère évoque la possibilité de passer clandestinement en Sicile ou en Italie. Je suis prête à tout. Je veux rentrer en France avec mon fils, même si ça prend des semaines, même si je me mets dans l'illégalité la plus totale.

Un peu avant 7 heures, nous parvenons au poste-frontière. Mon cœur se met à palpiter. Mes mains sont moites. Un douanier s'approche de la voiture et demande nos passeports. Il les consulte puis se penche à nouveau vers la vitre :

« C'est votre enfant, madame ?

- Oui. »

J'ai peur qu'il entende les battements de mon cœur… Je suis à deux doigts de défaillir.

« Sauf erreur de ma part, aucun de vous n'est le père de cet enfant ?

- Non, nous sommes ses oncle et grand-oncle, répond Heddi.

- Madame, j'ai besoin de l'autorisation de votre mari. »

Je sors l'original, enfin le faux original arraché au consulat d'Algérie à Lyon.

« Merci, veuillez patienter… »

Il retourne dans sa guérite avec le papier. Je l'aperçois, à travers les vitres, consulter les papiers contenus dans un gros dossier. C'est évident : il vérifie qu'il n'y a pas d'interdiction de sortie. Je crois que je n'ai jamais autant transpiré. Je suis dans un état de stress inimaginable. Mon frère m'intime de me calmer.

Et le douanier revient. Il se penche vers moi par la vitre arrière. Je crois que je vais m'évanouir. Mon avenir se joue à cet instant.

« Où se trouve votre mari, madame ? Et pourquoi ne vous accompagne-t-il pas ? »

La question est pénible, mais elle signifie que l'interdiction de Sélim n'est pas arrivée jusqu'ici ! Je souris, et improvise :

« Il est à Tunis. Mon bébé est malade et nous le rejoignons là-bas pour des consultations.

- Bien, madame. Faites bonne route. Je conserve l'autorisation. »

Heddi démarre. Nous gardons le silence pendant une centaine de mètres, puis il s'autorise à pousser un grand cri de joie en serrant le poing. Je suis à demi-soulagée. Il reste trois heures de route jusqu'à l'aéroport. Je finis quand même par m'assoupir, terrassée par la tension accumulée et la chaleur qui monte. Nous sommes à la fin du mois de juin. Faute de vol pour Lyon dans la journée, nous passons une nuit quasi blanche dans un hôtel crasseux et étouffant, véritable nid à moustiques. Mais à vrai dire, je m'en fiche. Je suis tendue vers l'ultime obstacle de ce parcours du combattant, cette bataille entamée le matin du jour où Sélim m'a annoncé, dans la ruelle, que nous rentrions à Lyon sans Seyed.

Une bonne surprise m'attend à l'aéroport.

J'achète mon billet, embrasse mes gentils accompagnateurs, tend mon passeport au douanier.

« Merci, dit-il en souriant, et en caressant d'un doigt la joue de mon bébé. »

Je reste là, les bras ballants. J'avise une hôtesse :

« Vous n'avez pas besoin de l'autorisation du père ?

- Non, répond-elle. Vous êtes Française et votre fils aussi. Vous rentrez chez vous, nous n'avons rien à vous demander. »

C'est chouette, la Tunisie ! Je ne peux m'empêcher de me tourner vers Heddi et mon oncle en criant : « J'ai réussi ! J'ai réussi ! » Les passagers me regardent, interloqués.

L'avion s'envole. Seyed s'endort, et je souris à la vie. Dans ma tête, je suis libre. Le divorce est inéluctable.

Je vais reprendre ma vie en main.

MON DIVORCE

Sélim est au mieux de sa forme. Au téléphone, depuis Guelma, où il a découvert ma fuite, il m'agonit d'insultes :

« Salope ! Ordure ! Tu m'as volé mon fils ! Sale putain ! Tu finiras sur le trottoir, c'est tout ce que tu mérites ! Démerde-toi avec ton fils, tu n'es plus ma femme, je ne te connais plus ! »

Je suis en pleine forme, moi aussi :

« Ne plus être ta femme, c'est exactement ce que je souhaite ! Nous sommes d'accord, mon chéri…

- Fous-toi de moi, sale pute ! Je crois que j'aurais dû te frapper encore plus, tu n'as encore rien compris ! Tu sais que tu as beaucoup de chance ? L'interdiction de sortie de territoire est arrivée au poste-frontière trente minutes après ton passage ! Espèce de chienne ! Il t'a plu, le douanier ? Tu l'as dragué, hein ? »

Une immense trouille rétrospective m'envahit. J'ignore comment il a eu connaissance des détails de mon épopée – son beau-frère sans doute, qui a des relations dans la police. S'il dit vrai, je l'ai échappé belle ! Je laisse passer un silence, puis j'annonce, triomphante :

« Nous sommes convoqués devant le juge le 4 septembre. Je te conseille d'être présent, si tu veux faire valoir ton point de vue.

- Pouffiasse ! Et tu crois que tu vas gagner ? Tu crois que le juge confie les enfants à des prostituées ?

- Très bien. Nous en reparlerons. »

Je raccroche. Et ma vie lyonnaise reprend. Les cannistrelli au porte-à-porte, mon fiston chez la nourrice, le bonheur de le retrouver tous les soirs, le plaisir des soirées tranquilles, sans vociférations, sans insultes, sans coups. Je ne sais pas quel sera le prochain stratagème de Sélim, mais je suis plutôt sereine. J'ai l'impression de sortir un peu la tête de l'eau.

Vers la fin du mois d'août, soit presqu'un mois plus tard, Sélim sonne à l'appartement. Comme si de rien n'était. Je ne le laisse pas entrer, et je me rends le jour même chez mon avocate pour lui demander, pleine d'espoir, si je peux lui refuser l'accès à l'appartement. La réponse est non :

« Je suis désolée, mais vous avez signé le bail ensemble, il a les mêmes droits que vous sur ce logement. Et si vous le mettez dehors, ce sera retenu contre vous au moment du divorce. Tenez-vous tranquille d'ici le 4 septembre. Encore quelques jours à tenir.

- Je ne peux pas ! C'est moi qui vais partir.

- Surtout pas ! Il vous accusera d'avoir quitté le domicile conjugal, et d'avoir enlevé votre fils ! »

Je suis désespérée. C'est une injustice criante : me voilà *obligée* de vivre avec cet individu pervers et dangereux ! La loi a changé en 2005. On peut tout à fait, aujourd'hui, contraindre le conjoint violent à quitter le logement. Mais nous ne sommes qu'en 1993. Le jour même, en fin d'après-midi, nouveau coup de sonnette. Sélim et ses valises. Je sors sur le palier. Je referme la porte derrière moi. Seyed fait la sieste :

« J'ai vu mon avocate. Pour l'instant, je suis obligée de t'accueillir. Mais à certaines conditions... »

Il me regarde avec un sourire mauvais. Il est aux anges :

« Je t'écoute...

- Tu es chez toi, mais tu fais comme si je n'étais pas là. Tu te débrouilles pour la nourriture, pour le linge, pour tout. Et tu ne m'adresses pas la parole.

- Très bien. »

Drôle comme il peut être conciliant, parfois. Pendant quelques heures, voire même quelques jours...

Les jours qui suivent, il passe son temps à ne rien faire, pendant que je travaille d'arrache-pied. Il n'a pas une attention pour son fils. Le soir, il essaie de faire l'amour avec moi. Passant ses mains sous ma nuisette, m'attrapant par la taille, susurrant des encouragements : « Allez, Sabrina, je suis encore ton mari, laisse-toi faire… Le jugement n'a pas eu lieu, tu ne peux pas refuser… Je vois bien que tu as envie, toi aussi… »

Inutile de préciser que je n'en ai aucune envie et qu'il insiste en vain.

Alors que l'audience approche, il passe à l'étape supérieure, me harcelant pour que je retire le dossier. Il me suit au travail pour me convaincre, encore et encore. Je suis en train de faire la plus grosse erreur de ma vie, Seyed a besoin de voir son père, etc. Rien ne m'ébranle. Je suis forte. Je suis déterminée. Un soir de cette fin d'été, je suis dans la cuisine en train de préparer le dîner pour Seyed. J'entends les clés dans la serrure, et ses pas derrière moi. Il a peut-être bu. Ses mots :

« Fais-moi à manger ! »

Je ne me retourne pas. Je réponds calmement :

« Premièrement, tu n'as pas à me donner d'ordre. Deuxièmement, je t'ai dit de te débrouiller tout seul. »

Soudain, un craquement et une douleur atroce dans ma nuque. Mes jambes se dérobent sous moi, et je m'écroule par terre :

« Sale pute, ça t'apprendra à me répondre ! »

Il s'éloigne. Lentement, je me mets à genoux, puis je me lève. Je ne peux plus bouger la tête ! Seyed joue tranquillement dans son parc. Je sors de l'appartement, et je me dirige, très lentement, vers le poste de police. Je porte plainte pour coups et blessures, puis les policiers appellent un taxi qui me conduit à l'hôpital. Au service de radiologie, on diagnostique deux cervicales fêlées :

« Encore quelques millimètres et vous risquiez la paralysie », commente le médecin.

C'est là que je me mets à pleurer. Il me pose une minerve et je rentre. Tard. Sélim a dû s'occuper de notre fils, exceptionnellement…

Il regarde ma minerve, sourire aux lèvres :

« Décidément, tu es très forte pour jouer la comédie. Tu aurais dû être actrice ».

Je me couche sans rien dire, mais je ne ferme pas l'œil de la nuit tellement je souffre. Et le lendemain, je vais travailler, malgré les recommandations du médecin qui m'a prescrit du repos. Mon patron, Michel, propose immédiatement que je rentre chez moi. Chez moi ! Avec l'autre, après ce qu'il m'a fait !

« Michel, je préfère rester ici. J'ai épousé un monstre. »

Je peux ôter ma minerve au bout de quelques jours, mais je suis de nombreuses séances de kinésithérapie. D'une certaine manière, ce terrible coup dans ma nuque m'aide, puisqu'il me conforte dans ma décision de quitter mon bourreau…

Enfin, enfin, arrive le 4 septembre. Cette audience de conciliation tombe deux ans après notre mariage. Au jour près. Un signe que la boucle est bouclée, qu'il faut passer à autre chose. Deux années abominables. Stop !

Je ne pars pas travailler. Sélim, comme si ça ne le concernait pas :

« Tu vas au tribunal ?

- Oui.

- Réfléchis, nous pouvons encore tout annuler... »

Je sors. Je dépose Seyed, et je vais au rendez-vous. Sélim me suit – scène habituelle – essayant une dernière fois d'infléchir ma position. Nous arrivons ensemble au tribunal. Le juge, d'un certain âge, chevelure argentée, me reçoit la première avec mon avocate.

« Êtes-vous sûre de vouloir divorcer, madame ? Vous pouvez bénéficier d'un nouveau temps de réflexion, vous savez.

- Ce n'est pas nécessaire. »

Je suis à la fois épuisée et ivre, ivre de prendre une décision de cette importance, de choisir ma vie.

« Il me fêle les cervicales, il ne travaille pas, il me prend tout mon argent... Il faut en finir !

- Parfait. Je vais vous demander de sortir un instant. »

Sélim entre dans son bureau. Nos regards se croisent. Ses yeux me supplient de changer d'avis. Moi, je souris, triomphante. Quelques minutes plus tard, le juge me rappelle, et nous nous retrouvons tous les deux face à lui.

« Monsieur, madame, la conciliation s'est révélée impossible entre vous. Nous allons donc mener à son terme la procédure de divorce. »

Il m'annonce alors une série de bonnes nouvelles. J'ai la garde de Seyed – le contraire aurait été curieux, mais c'est tout de même formidable ! – je peux rester dans l'appartement, Sélim doit le quitter dès aujourd'hui. Sélim opine, soudain vaincu, abattu, sans ressort. Face à la loi, à une autorité qui ne lui est pas familière – il n'a pas autant de repères ici qu'en Algérie – il n'ose pas réagir.

Et moi, légère, je vais faire quelques courses. La vie ! La vie, enfin !

Quand je rentre, mon ex-mari prend un bain.

« Je crois que tu n'as pas encore compris. Tu dois partir, maintenant, Sélim. Prends tes affaires et *pars*, s'il te plaît !

- D'accord, d'accord, okay, répond-il en levant les bras. Laisse-moi juste un peu de temps pour trouver quelque chose. Je quitte l'appartement demain, ça te va ?

- Demain. Ou je porte plainte.

- Donne-moi une serviette, s'il te plaît. Tu peux me sécher le dos ? »

Je suis ahurie. Comment qualifier cette attitude ? Une grande immaturité ? Le mot paraît faible. Il ne réalise pas ce qui se passe. Il vit dans l'instant, comme un enfant. Il n'est ni énervé, ni violent alors que je le mets à la porte, qu'il a échoué à me retenir, alors que sa position de mâle dominant est en miettes.

Le lendemain, je recommence le porte-à-porte, dans l'allégresse, délivrée d'un immense poids. Je fais une journée formidable, en battant tous mes records de vente ! La reine des cannistrelli, c'est moi ! Après être allée chercher Seyed, retour à l'appartement. Sélim est parti. Mais pas tout seul. Il a emporté ma télévision. Ma chaîne. Et *tous mes vêtements* ! Tous ! Un cadeau de départ sans doute bien réfléchi, tandis qu'il ronronnait dans son bain. Une manière de me pourrir l'existence jusqu'au bout. Je veux porter plainte au poste de police du quartier, là où on me connaît par cœur.

« Madame, c'est impossible : le divorce n'est pas encore prononcé et il n'ya pas de vol entre mari et femme – d'autant que vous vous êtes mariés sous la communauté des biens… »

Maudite communauté des biens ! S'agissant de notre couple, ce régime est pour le moins inapproprié ! J'ai tout acheté. Il a tout pris.

Petit à petit, je me rééquipe, furieuse d'avoir été ainsi roulée dans la farine. Sélim, lui, vit dans un foyer Sonacotra, près de la maison, et je le vois rôder, m'espionner. Je prends mon mal en patience, espérant que le jugement définitif le détachera de moi. Je me sens forte.

Mais je me trompe.

Je ne suis pas guérie.

Tapie dans l'ombre, mon addiction à Sélim, ma maladie, n'attend qu'un signe pour surgir à nouveau.

JE REPLONGE

Je suis une toxicomane sevrée, mais sans produit de substitution. Et le manque me jette à nouveau dans la gueule du loup.

Sélim m'accoste tous les jours dans la rue pour me convaincre de revivre avec lui. Ce type qui a failli me tuer plusieurs fois s'excuse à répétition, et me supplie de lui donner une « deuxième chance ». Et moi, dans ma solitude, le désert qu'est ma vie et encore amoureuse malgré moi, je finis par plonger. Je lui ouvre ma porte… Je demande aussi à mon avocate de suspendre la procédure de divorce, sans en souffler un mot à mon mari.

Je sais ! Vous êtes comme le sont alors Nina, Shérazade, Meryem, vous êtes comme mon père et ma mère : vous avez envie, là tout de suite, de m'oublier. La Sabrina d'octobre 1993 est impossible à comprendre. Impardonnable. Elle est passée de l'autre côté de la barrière. Vient un moment où les personnes qui vous aiment le plus au monde ne peuvent plus rien pour vous.

Je fais pire.
Je fais un enfant, un deuxième.
Avec lui.

Je suis accrochée à Sélim, une vraie droguée, et j'échafaude des équations stupides. Par exemple ? Divorce suspendu + nouveau bébé = paix des ménages. En même temps, le plus effrayant, c'est que je suis lucide. Comme toujours, comme depuis le début. Je sais que notre mariage va capoter. Qu'il ne peut pas durer. Rien ne peut durer avec un homme violent qui n'a pas conscience de devoir se soigner. Mais je suis incapable de m'imaginer avec un autre homme. J'ai accumulé trop de souffrances pour ça. J'ai 25 ans, et j'ai l'impression que ma vie amoureuse est finie.

Nous allons nous quitter, je le sais, et j'ai peur de ne pas avoir d'autre compagnon avant longtemps, très longtemps. Or, je désire plus que tout avoir un deuxième enfant. Mon bébé est pour moi une révélation : il est le seul soleil de ma vie. Je ne veux pas être mère une seule fois.

Alors il faut que je sois enceinte, vite, avant que Sélim et moi nous éloignions définitivement l'un de l'autre.

Sans rien dire, je vais au Planning familial pour me faire retirer mon stérilet. Je ne l'ai que depuis trois mois et la gynécologue est un peu étonnée… Après tout ce que j'ai subi, je me dis que j'ai droit à ma part de bonheur. Dans l'ombre, je me fabrique un avenir, une suite, en quelque sorte. Il faut que la vie continue. Je ne fais pas ce choix par esprit de vengeance, mais par pragmatisme. Ce deuxième enfant, si je ne le mets pas en route tout de suite, il n'arrivera jamais.

Courant novembre, j'ai un test de grossesse positif. Maintenant que j'ai pris cette décision, et qu'elle est suivie d'effets, il faut que j'annonce la couleur à Sélim et à ma famille… Je choisis d'attendre un peu. De nouveau, Sélim me frappe violemment, un soir où il a trop bu. Je le mets à la porte le lendemain matin, direction le foyer Sonacotra. Mais c'est sa famille qui débarque chez moi fin décembre… Deux sœurs, un beau-frère, une cousine, venus profiter des fêtes de fin d'année. Il faut feindre une bonne entente entre nous – une demande de Sélim. S'il n'est pas là, c'est qu'il n'y a plus de place dans l'appartement, rien de plus…

Mais la réalité saute aux yeux de tous, le soir où je leur annonce que je suis enceinte. Sélim, qui ne pense pas une seule seconde à jouer la comédie du mari heureux devant ses sœurs, explose. Nous sommes en train de nous quitter, il ne m'a pas touchée depuis une quinzaine de jours, cet enfant ne *peut* donc pas être de lui !

« Tu mens, espèce de pute ! Je ne suis pas le père ! Tu te fais faire un môme par le premier venu et tu me colles ça sur le dos ! »

C'est une réaction de Sélim que je peux comprendre – insultes exceptées. C'est moi, cette fois, qui l'ai pris par surprise. Et il ne parvient pas à retourner la situation en sa faveur.

Ses sœurs, beau-frère, cousine, restent plusieurs jours à la maison. Je travaille toute la journée, j'ai des nausées quasi-permanentes en ce début de grossesse, il faut s'occuper d'eux le soir... C'est horrible. Ils sont parfois très désagréables : l'image que Sélim a de moi est manifestement contagieuse ! Son clan pense comme lui. Un matin, j'entre dans ma chambre (non sans avoir frappé) pour récupérer quelques vêtements avant de partir travailler. Mon beau-frère, qui y dort avec sa femme, me hurle dessus parce que j'ose le déranger ! Il y a une tension énorme. Ils ne restent que quinze jours, mais j'ai le sentiment que ça dure une éternité. Je ne suis plus du tout chez moi. Je suis épuisée, et totalement perdue.

Meryem, de passage à Lyon, vient me dire bonjour. Elle me dira plus tard : « Je revenais de Nice où j'avais passé Noël chez l'un de nos frères. Avant de rentrer à Chavanoz, j'ai eu envie de passer te voir et j'ai garé la voiture juste en bas de chez toi. Et tu étais là, sur le trottoir, pour fumer une cigarette. Tu étais toute paumée, presque en guenilles… Je vais te dire, ce soir-là, je ne t'ai pas reconnue. Tu n'étais pas toi-même. Tu étais comme à l'abandon. Je te disais : "Mais tu es en train de le quitter et il te colle sa famille, mais vire-les ! Vire-les !" Je ne savais pas, à ce moment-là, que tu avais suspendu la procédure de divorce et que tu étais enceinte, j'ignorais dans quelle nouvelle mouise tu t'étais fourrée… J'avais l'impression que tous ces gens-là, Sélim, sa famille, faisaient de toi ce qu'ils voulaient. J'ai fini par te laisser. Tu ne m'écoutais pas ».

Un week-end de janvier, je me rends à Chavanoz annoncer la nouvelle à Meryem, et à Shérazade venue de Nice. Je ne sais pas comment m'y prendre, et ce sont mes nausées qui parlent pour moi.

Shérazade lance :

« Tu ne serais pas enceinte ?

- Si, si…

- De qui ? Pas de Sélim quand même… »

Elle croit faire une plaisanterie. C'est dire combien tout cela paraît énorme. Je réponds : « Si, de Sélim ».

Son rire se fige.

« Quoi ?! Comment ? Après ce qu'il t'a fait ?! »

C'est indéfendable. J'essaie, pourtant. Sans doute que nous allons nous quitter… mais je veux un deuxième enfant… Je n'aurai pas d'autre compagnon avant longtemps… Peut-être qu'on peut encore envisager une réconciliation… D'accord, Sélim m'a giflée dernièrement, et je l'ai mis à la porte, mais peut-être que ça peut s'arranger…

« Avorte ! ordonne Shérazade, insensible à mon blabla. Fais-le ! Pour toi, pour ta vie ! »

Mais je ne vais pas avorter alors que j'ai tout fait pour avoir cet enfant. Je ne vais pas avorter, même si le coup de téléphone de ma mère, mise au courant par Shérazade, me fait réaliser combien, décidément, mon choix est impossible à digérer. Elle pleure, j'entends ses sanglots. Ce qu'elle dit est juste et courageux :

« Même si ce n'est pas dans notre religion, ma fille, j'aurais mille fois préféré que tu divorces et que tu fasses ce deuxième enfant avec quelqu'un d'autre ! Je ne t'en aurais jamais voulu ! D'accord, c'est ta vie, mais là, crois-moi, tu fais une erreur… »

Mais je tiens. Je suis seule, et je tiens.

Pour ajouter un peu plus d'incohérence à ce calamiteux début d'année 1994, Sélim, qui vit toujours dans son foyer, est convoqué au tribunal correctionnel suite à la plainte déposée quand il m'a fêlé les cervicales au mois d'août. Par le passé, j'ai souvent retiré mes plaintes. Mais celle-là, j'y tiens. Je suis dans la confusion la plus totale. D'un côté, je suis enceinte et j'ai fait suspendre la procédure de divorce. De l'autre, j'ai maintenu la plainte et mis Sélim à la porte. Je me sens perdue, comme dans un labyrinthe.

Pour que le procès n'ait pas lieu, il me harcèle au téléphone. Voyant que ça ne marche pas, il vient sonner. Je ne lui ouvre pas. J'ai bien trop peur de ce qui se passerait s'il mettait un pied dans l'appartement. Nous nous parlons à travers la porte. Je soulève le judas pour ne pas avoir à crier. Et je lui redis que non, cette plainte-là, je ne la retirerai pas. Mon Dieu, qu'il crie ! La cage d'escalier s'en souvient encore.

Je n'ai pas le courage d'aller au procès. Je ne suis pas assez désintoxiquée pour y voir une occasion de me venger, de gagner, d'obtenir réparation de toutes ces années de souffrance. Non, je n'en suis pas encore là. Ce procès, c'est une étincelle de résistance que je n'assume pas complètement… Mon avocate me représente. Elle raconte. Sélim ne voit toujours pas pourquoi le fait de battre sa femme est « mal ». Il dit au président du tribunal :

« Je frappe ma femme parce que je l'aime ! »

Le président lui répond :

« Il y a d'autres façons de prouver son amour ! Si tous les maris étaient comme vous, il ne resterait pas beaucoup de femmes sur Terre ! »

Il écope de quelques mois de prison, avec sursis.

SOPHIAN

Deux ans après Seyed, je mets au monde un autre petit garçon, Sophian, né le 9 août 1994. À quelques heures de la naissance, Sélim, qui ne vit plus avec moi depuis plusieurs mois, passe par hasard à la maison. Il m'accompagne dans l'ambulance ! Et il reconnaît le bébé… La scène qui suit est étrange, presque comique. Je suis sous masque à oxygène, dans les vapes et je vois Sélim parler tout bas à la sage-femme. Tellement bas que la sage-femme lui demande de répéter. Et je comprends que Sélim essaie d'imposer un prénom, une de ses trouvailles étranges : Skandar ! J'arrache le masque et j'épelle le prénom que je veux voir porté par mon fils : Sophian ! J'accepterai quand même Skandar en deuxième prénom.

Les quelques jours à la maternité sont un répit dans le chaos de ma vie. Je dors dès que c'est possible. Je mange ce qu'on m'apporte sur un plateau. J'allaite ce nouvel être minuscule et déjà adoré. Je me force à oublier le n'importe quoi de ma vie. Sélim obtient d'être à nouveau parmi nous dans l'appartement, au motif que nous sommes une famille, après tout. Une fois encore, je me mens. Concentrée sur mes enfants, dorlotant mon nouveau-né, j'arrive à me faire croire que je mène une vie normale.

Sélim en profite pour voler à nouveau mes économies, que je croyais avoir pourtant soigneusement cachées ! Le jour où je constate leur disparition, il rentre sourire aux lèvres, une clé à la main, qu'il fait tinter.

« Qu'est-ce que c'est que ça ? demandé-je.

- Les clés de notre voiture ! »

Il triomphe. C'est un gosse, ni plus ni moins.

« De notre voiture ?

- Oui, j'ai pensé que ce serait plus pratique pour se déplacer !

- D'accord. Avec quel argent as-tu payé ça ? »

Haussement d'épaules.

« Ben, le nôtre ! »

Je le vire sur le champ. C'est étonnant comme parfois, il se laisse mettre dehors. J'appelle mon avocate. Et je fais ce qu'il était urgent de faire : je *relance* la procédure de divorce. Il est plus que temps ! D'autant qu'une nouvelle aventure m'attend... Elle débute une fin d'après-midi de février 1995. Seyed a 2 ans et demi, Sophian 6 mois. J'ai commencé une deuxième carrière de mère courage, seule avec mes deux petits, travaillant toute la journée, et supportant le harcèlement incessant d'un Sélim décidément aussi intoxiqué que moi par notre désastreuse relation. Ce jour-là, donc, il vient à l'appartement et me demande de quoi acheter un billet d'avion :

« Je voudrais aller voir mes parents avec Seyed. J'ai besoin d'argent.

- Alors là, certainement pas. Tu n'as pas honte de toujours venir quémander ? Travaille plus et tu auras de quoi te payer le voyage ! Tu peux partir, mais sans Seyed. Je n'ai pas envie de me battre pour le récupérer comme la dernière fois ! »

Réponse : un coup de pied aux fesses. Pas un petit coup de pied, un énorme, d'une brutalité inouïe. Je hurle de douleur.

Et là, Sélim prend Seyed dans ses bras et quitte l'appartement. En courant ! Je crois que mon petit bonhomme n'a même pas le temps de crier, de m'appeler, tant le geste de son père est soudain… Je tente de les poursuivre dans la rue, mais je souffre terriblement. Je rebrousse chemin, désespérée, pour rejoindre Sophian qui dort dans son petit berceau et que j'ai laissé seul quelques minutes. Je l'emmène chez sa nourrice, pour aller à l'hôpital. Mon fils enlevé, mon corps supplicié, je ne sais même pas comment je trouve la force de faire le trajet.

Aux urgences, une femme-médecin, douce et ferme. Diagnostic : fracture du coccyx.

« J'ai glissé dans la cuisine, dis-je. Le sol est mouillé. »

Mon ton est calme, je suis devenue très expérimentée dans l'art de tromper mon monde. Sauf que cette fois-ci, ça ne marche pas.

Elle plonge son regard droit dans le mien :

« Votre fracture, elle ne peut pas venir d'une chute, madame. »

Je ne réponds rien. Elle poursuit, confortée par mon silence :

« Écoutez-moi bien. Si ça continue, vous allez finir par être défigurée. Il y a des femmes qui sont défigurées à vie. Il y a aussi des femmes qui meurent sous les coups ».

Lentement, ses mots font leur chemin dans ma tête, tandis que mon coccyx me pétrifie de douleur.

« Je vais vous donner l'adresse d'une association qui aide les femmes battues. Allez-y. Donnez-vous une chance. »

Je me rends à l'association dès le lendemain. De toute façon, j'ai tellement de mal à me déplacer que je ne peux pas prendre l'avion pour Guelma, où je sais que Sélim et Seyed sont arrivés. Je mets à profit ces quelques jours pour franchir le seuil de l'association. Je pénètre dans la salle d'attente. On m'accueille et je m'assois. Et là, je les vois : tout autour de moi, mes sœurs de souffrance. Marquées, courbées, anéanties… Elles sont de tous âges, de toutes nationalités, de tous milieux sociaux. L'une d'elles, la cinquantaine, camoufle son œil au beurre noir avec un mouchoir.

Je pourrais me sentir dans mon élément, parmi par ces femmes qui ont connu le même enfer que moi. Mais quelque chose d'inattendu se produit en moi : un refus, violent, d'être l'une d'elles ! Une envie irrésistible de ficher le camp ! Au bout de quelques minutes, je me lève. Je dis que je suis pressée, que je ne peux pas attendre. Et je ne reviendrai jamais.

C'est une pure idiotie, cette association m'aurait sans doute considérablement aidée dans mon combat. Mais on ne fait pas toujours les choses rationnellement. Je commence à avoir le courage de partir, et je ne veux pas être assimilée à ces femmes en détresse. Je veux m'en sortir par moi-même. C'est une manifestation imbécile d'orgueil, une erreur majeure de penser qu'on n'a besoin de personne, quand on est aussi seule.

Je peux enfin prendre l'avion, Sophian sous le bras, toute à mon désir de retrouver Seyed, de remettre encore une fois ma vie en route. C'est intolérable d'être loin de mon petit garçon et de souffrir à ce point. C'est un des pires moments de ma vie. Oh, la scène à l'aéroport d'Annaba ! Un vrai spectacle ! Sélim est venu nous chercher, moi et Sophian, alors que je lui ai dit mille fois que ne voulais pas le voir. Il a enlevé mon fils, il m'a cassé le coccyx, mais il se croit autorisé à jouer les mâles en puissance.

« Tu viens avec moi. Ma famille veut voir Sophian.

- C'est hors de question. Mes parents sont là. Je ne monterai jamais dans ta voiture.

- Tu es ma femme, espèce de garce ! Tu te dépêches ! »

Le ton monte. Petit attroupement. Je suis tellement lasse. Mon père intervient, suggérant à Sélim de me laisser tranquille.

« Vous, mêlez-vous de vos affaires !, lui lance Sélim.

- Je ne te permets pas de me parler sur ce ton !, objecte mon père.

- Je vous parle comme j'en ai envie ! »

Ils se rapprochent l'un de l'autre. Commencent à hurler.

« Je vais te tuer, petit con ! »

Un policier arrive et menace de verbaliser tout le monde. Un quart d'heure que je suis arrivée et déjà, on frôle la bagarre. Ça commence très fort…

Les jours suivants ? Un *remake* du dernier épisode algérien, deux ans plus tôt. Seyed en otage chez mes beaux-parents, et moi, me morfondant dans la grande maison familiale, à la merci de cette fameuse interdiction de sortie du territoire que Sélim a obtenue pour notre premier fils en 1993 – et qu'il peut très bien réitérer pour Sophian. Je crois un temps que Sélim espère renouveler la tentative précédente : vivre au pays, chez sa mère, avec son ou ses fils, sans moi. Mais la vérité est qu'il n'a pas de stratégie ni de projet cohérent. Il fonctionne au coup de sang, il change sans arrêt d'idée, ne sachant ce qu'il veut faire de sa vie conjugale et familiale. Il agit à l'instinct, sans réfléchir. « Tiens, je vais enlever Seyed et on va vivre ensemble chez ma mère, et que Sabrina aille se faire voir ailleurs… » Quelque chose comme ça.

Peut-être cherche-t-il aussi tout simplement à se venger de notre séparation, du divorce à venir, et à me faire souffrir quelques semaines de plus, avant de me rendre mon fils, et de me contraindre de nouveau à la vie commune ? J'aimerais vous livrer un portrait psychologique précis de Sélim. Mais c'est impossible : je n'ai jamais su ce qu'il avait dans la tête. Nous n'avons jamais parlé à cœur ouvert de ses pulsions, de sa violence. Et de toute manière, nous n'avons jamais eu de conversation tout court, à part pendant les premiers mois de notre relation.

J'ai lu des textes sur les hommes qui battent leurs femmes. On est tenté croire quand on lit des récits comme le mien que ce sont des êtres démoniaques, nés pour faire le mal, gratuitement. C'est plus compliqué que cela. Leur violence provient souvent d'un traumatisme subi dans la petite enfance. Mais, très franchement, j'ignore tout de ce qui a pu perturber à ce point celui qui a été mon mari.

J'ai lu les descriptions, les profils des maris violents. Dans chacun, j'ai retrouvé un peu de Sélim, comme s'il était un puzzle. J'ai relevé ce qui me faisait penser à lui.

Le *narcissique*, ou le *pervers narcissique*, décrit dans le livre de Marie-France Hirigoyen est « intolérant à la critique, dépourvu d'empathie, indifférent aux autres ». Il est « prisonnier d'une image tellement idéale de lui-même que cela le paralyse ». Et puisqu'il ne correspond pas à cette image, il devient agressif envers les autres. Il frappe et il dit qu'il a été « obligé d'agir comme ça, parce que l'autre l'a cherché ». Tout lui ! L'ancien beau gosse du quartier, l'ancien chouchou des femmes de sa famille s'est trouvé incapable de construire une vie de couple, une vie de famille, une carrière. Alors, on dira que de demi-dieu adulé par les siens, il est passé au statut de Maghrébin indésirable, dont les diplômes sont ignorés par la France, et que ses enfants n'intéressent pas…

Mais cet argument n'est pas recevable : en Algérie, choyé et plein d'assurance, il était *déjà* violent.

Le *psychopathe*, maintenant. « En raison de son irresponsabilité persistante, il a du mal à assumer un emploi stable ou à honorer des obligations financières. » C'est lui, tout à fait. Il vit « dans l'instant, dans la satisfaction immédiate de ses désirs ». Ce que j'appelle, moi, son immaturité, relèverait donc de la psychopathie… Le psychopathe est « inaccessible à la culpabilité, n'éprouve aucun remords, ne se remet pas en cause, est incapable d'imaginer la douleur ou la peur » chez l'autre. Je confirme. Lisez la suite : « La violence des psychopathes peut être redoutable et conduire à un homicide : c'est donc la peur qui retient leur partenaire ». Bien sûr. Et mauvaise nouvelle : les thérapies ne semblent pas avoir d'effets sur ces personnalités…

Le *borderline* (ce qui veut dire « au bord, à la frontière » de la folie) « peut être charmant pendant les phases de séduction et de contrition, mais il est inquiétant, parfois terrifiant, lorsqu'il laisse éclater sa violence ». Aussi.

Et le *paranoïaque* ? Il « n'a aucune confiance dans sa partenaire et celle-ci doit donc justifier, à chaque instant, ce qu'elle fait de son temps. Tout est vérifié en permanence : l'argent, le temps, et même les pensées ! » Il est convaincu que tous les hommes rencontrés par sa femme sont ses amants. Inutile de vous dire que c'était le cas.

Sélim est un mélange de tout ça. Un mélange dangereux.

VIVRE AVEC UN FOU

Réfugiée chez mes parents, en l'absence de mon premier fils, je suis paralysée, effondrée. Seul mon petit Sophian me met du baume au cœur.

Et puis un jour, ma mère me dit :

« La seule manière de récupérer Seyed, c'est d'aller vivre quelque temps dans l'autre maison. Sélim finira par vouloir rentrer en France, pour le travail. Vous pourrez partir tous ensemble, et à l'arrivée, tu divorces ! »

Aller là-bas, vivre confinée avec cet homme, c'est au-dessus de mes forces. Je me mets à pleurer silencieusement. Elle me prend dans ses bras. Je lui suis si reconnaissante de ne pas me lâcher alors que mes choix – avoir suspendu le divorce, avoir mis au monde un deuxième bébé dans ces conditions – la rendent folle de chagrin.

« Je sais que tu as raison, murmuré-je. C'est la seule solution. »

Je prends mon courage à deux mains et je me rends dans la petite maison étouffante, vivre avec mon mari tyran. Heureusement, les retrouvailles avec Seyed sont intenses. Je peux au moins couver mes deux enfants. Pour le reste… Je suis cloîtrée quatre semaines, attendant que Monsieur se décide à regagner l'autre rive.

Quatre semaines pendant lesquelles un autre drame survient. J'ai obtenu, après une longue, longue discussion avec Sélim, l'autorisation de me rendre chez mes parents, puis la possibilité de rendre visite à une tante. Sans mes enfants, hélas, formidable monnaie d'échange pour mon mari avide de rapport de force.

En fin de journée, alors que je cajole mes petits dans notre chambre en compagnie d'une de ses sœurs et de sa mère, Sélim me convoque au rez-de-chaussée. Il me fusille du regard et me lance :

« Je ne t'ai jamais donné l'autorisation d'aller voir d'autres personnes que tes parents !

- Mais si ! Tu mens et tu le sais ! »

Je suis outrée. Sélim, qui me surveille de loin, m'a vue sortir de chez mes parents. Je lui ai dit que j'allais chez cette tante et il n'a pas commenté, me laissant faire. Il a pourtant le culot d'asséner :

« Tu m'as dit où tu allais, *mais tu ne m'as pas demandé si j'étais d'accord* ! »

Puisque son père est là, je crains moins de me faire frapper. J'ai tort.

« Tu joues sur les mots. Tu as accepté que j'y aille puisque tu m'as laissée faire. »

Une gifle. Des coups de poing. La scène habituelle. Je crie :

« Tu n'as pas honte, devant ton père ? »

Non, il n'a pas honte. Les coups pleuvent pendant plusieurs minutes, il est déchaîné. On peut émettre l'hypothèse qu'il a besoin de me cogner après plusieurs semaines d'abstinence, et qu'il en a trouvé le prétexte. Ni son père ni son frère ne parviennent à le calmer ! Quand ils réussissent enfin, je me précipite dans la chambre et je pleure sans pouvoir m'arrêter, prise de tremblements incontrôlés.

Le lendemain, après une nuit blanche, il m'autorise à me rendre chez mes parents… si je lui laisse mes enfants et tous mes papiers d'identité ! Je proteste et là encore, alors que sa mère s'affaire dans la pièce à côté, il ferme la chambre à clé et me bat. Des coups, des coups, encore des coups.

Que dire ? À nouveau, je ne décide plus de rien, ma vie ne m'appartient plus, mon corps est redevenu un *punching-ball*. À nouveau, je suis entraînée par le fond. Je suis à ce point piégée qu'après avoir passé une tête chez mes parents pour me faire consoler, je dois remettre tous mes papiers d'identité à Sélim et supporter la situation encore une semaine, pour pouvoir, enfin, rentrer en France avec mes fils. Heureusement, quelques jours plus tard, dans ma boîte aux lettres à Lyon, cette bonne nouvelle tombe :

République française
Au nom du peuple français
Chambre de la famille
Cabinet N° 7

Date du jugement : 23 mars 1995

[…]

Sur la demande principale :

Il résulte des certificats médicaux de l'hôpital Saint-Joseph en date des 8 janvier 1993, 30 avril 1993, du certificat du secteur sanitaire de Guelma (Algérie) en date du 4 juin 1993 et de l'attestation de Mme X. [ma sœur] *que M. Sélim B. a exercé des violences sur sa femme ;*

ces faits constituent de graves violations des devoirs et obligations du mariage, rendent intoléra-

ble le maintien de la vie commune et justifient la demande principale ;

Sur la demande conventionnelle :
M. B. ne verse aucune pièce à l'appui de sa demande [le non-divorce] *; il en sera débouté ;*

Il y a lieu de prononcer le divorce aux torts exclusifs du mari [...]

Je referme l'enveloppe sans rien dire. Je la glisse dans mon tee-shirt. Elle devient un talisman, un trésor. Comme la vengeance est un plat qui se mange froid, et probablement aussi parce que la nouvelle me paraît énorme, je décide d'attendre qu'une bonne occasion se présente pour lui cracher au visage que cette fois, c'est terminé, que nous sommes divorcés. Pour de bon.

LE DÉCLIC

L'occasion se présente plus de quatre mois après. Quatre mois de cohabitation avec lui ! Il faut vraiment que je sois folle… C'est un soir du mois d'août, à Lyon. Mes garçons ont 1 et 3 ans. Ils grandissent et leur beauté, leur innocence ensoleillent mon quotidien. Je viens de reprendre la vente de cannistrelli après avoir attendu – plusieurs semaines – que Sélim cherche un emploi. Peine perdue : il ne travaille que quand il est au foyer Sonacotra. Chez nous – enfin, chez moi, l'appartement est le mien depuis l'audience de non-conciliation – il se laisse entretenir et fouille dans mon sac après ma journée de boulot pour se payer, tout seul, le restaurant.

Et c'est précisément ce qu'il veut faire ce soir d'août, alors que je m'occupe des garçons. Il fouille, retourne tout, mais en vain :

« Où est ton argent ? »

Je viens de cacher sous le lit de Seyed la somme récoltée pendant la journée. Je décide de mentir.

« Je ne suis plus payée à la journée.

- Tu mens. Donne-moi cet argent ! Je veux ta paie chaque soir !

- Mais non, c'est terminé, je te dis. Je toucherai tout à la fin de chaque mois. »

Il se retourne, file dans la chambre. Il en revient aussitôt... avec une rame de bateau pneumatique à la main. J'ai acheté un petit canoë pour Seyed quelques mois auparavant. La rame est en bois. Avec précaution, Sélim ferme les fenêtres de l'appartement, histoire qu'on ne m'entende pas trop hurler. C'est le début d'une séance. Une de trop. Il ne peut me frapper qu'une seule fois (et ça me fait horriblement mal). Je pose Sophian dans son lit, prends mon sac et je sors en courant dans la rue. Pieds nus, sans veste, avec mon seul sac à main ! Je laisse mes deux fils dans l'appartement, parce que c'est la seule solution pour partir vite, pour échapper aux coups. Parce que, malgré sa monstruosité, je pense que Sélim ne leur fera aucun mal.

J'arrive sur le trottoir… Il est sur mes talons, sans les enfants restés en haut. Nous nous engueulons. J'exige qu'il remonte pour chercher ses affaires, et qu'il parte, et rapidement ! Plus jamais je ne vivrai avec lui ! Je suis déchaînée, et soulagée. J'ai le sentiment qu'un déclic s'est produit. Je me souviens précisément de ce que je me dis à ce moment-là : « Ça y est. J'y suis. C'est bon ». Sans arrière-pensée, sans culpabilité. Ce que j'avais écrit dans une lettre quelques années auparavant, « j'ai décidé de dire stop », et qui était tellement dérisoire à cette époque, cette fois, est vrai. Cent pour cent vrai.

Je crie très fort dans la rue, ce soir d'été, et je suis libre. Mais j'attends d'être à bonne distance pour lui annoncer que le jugement de divorce a été prononcé… plusieurs mois auparavant. Gus, le patron du bar voisin, que je connais bien, est sorti pour voir ce qui se passe. Gus est un gars sympathique, attentionné. Il sait que j'ai beaucoup de problèmes avec Sélim, sans en connaître les détails.

« Sabrina ? Qu'est-ce qui se passe ?
- Il se passe que ma femme a fait la pute toute la journée, alors elle est fatiguée, et elle passe ses nerfs sur moi », ose Sélim.

J'explique à Gus que Sélim m'a frappée et qu'il doit quitter la maison. Sélim recommence à s'énerver. Gus le menace d'appeler la police, puis a l'idée de le faire entrer dans le bar pour l'éloigner de moi. Dès que Sélim en franchit le seuil, je me rue dans l'immeuble, je monte quatre à quatre les escaliers et je ferme la porte à double-tour. Je pleure de peur, de soulagement. Je suis envahie par cette décision que je sens irréversible. Je prends mes deux petits dans les bras et je dis à Seyed :

« Tu sais, papa ne reviendra pas. C'est fini maintenant. Il est trop méchant avec moi.

- Papa, il tape, il tape, et après tu pleures ! Et moi, je prends ma petite chaise et je tape papa ! », répond alors Seyed, à ma grande stupéfaction.

C'est vrai. Six mois auparavant, il a tapé son père avec sa petite chaise en plastique un jour où il l'a vu en train de me donner une gifle. Ce qui est incroyable, c'est qu'aujourd'hui, il se souvient encore de cette scène. Il se revoit, petit bonhomme de 2 ans et demi, armé de sa chaise en plastique. J'en pleurerais…

« C'est fini. C'est fini, mon amour. C'est fini… »

Je réalise à ce moment-là que je n'ai pas fait assez attention à ce qu'a pu ressentir mon fils aîné pendant les trois années de sa petite vie. Certes, Sélim me bat rarement en présence des enfants (qui dorment souvent quand les coups pleuvent), mais il est impossible qu'ils ne s'aperçoivent de rien. Les enfants ont des antennes pour ces choses-là. Je me promets de les préserver le mieux possible de ce monstre.

Je me couche tard, cette nuit-là. Et il me semble que je viens à peine de plonger dans le sommeil quand quelqu'un m'empoigne par les cheveux, et me tire du lit. Je crois que c'est un cauchemar ! Cette frayeur quand je vois son visage à dix centimètres du mien ! Sélim a réussi à entrer dans l'appartement, en faisant tomber la clé que j'avais enfoncée dans la serrure, à l'aide d'un tournevis. Pour la dernière fois, pour la dernière fois, cette nuit du 20 août 1995, il me passe à tabac. Il y aura encore quelques coups, mais rien de comparable. Il me fait payer très cher ce que j'ai osé lui dire sur le trottoir quelques heures auparavant. Frappée à coups de poing et de pied, à demi-étranglée, jetée contre le mur… Une maxi-séance.

Au petit matin, je peux me réfugier dans la salle de bain, faire le tour des plaies, des bosses, des coquards et des ecchymoses. Je pleure longtemps, je m'assoupis. Et puis je prépare le petit-déjeuner des enfants. Vie normale. Vie odieuse. Qui va bientôt changer. Il est 6h30.

Quelque chose s'est passé.

Je suis défigurée, lamentablement. Je suis une pauvre loque qui fait peur à voir. Mais à l'intérieur… Je ne suis plus cette femme perdue, annihilée. Sélim, par contre, est formidablement fidèle à lui-même. Après s'être bien défoulé sur moi, il a dormi, et voilà qu'il quitte la maison, l'air de rien, habillé de frais, lançant :

« Je sors, je vais acheter des cigarettes… »

Je murmure : « C'est ça, t'as raison, bonne idée » et je lui fais « coucou » de la main, à la fenêtre, pour le tranquilliser. Dès qu'il a tourné le coin de la rue, j'enlève l'une des trois serrures de la porte, et j'en mets une nouvelle à la place, achetée quelques jours plus tôt au supermarché. Je ne suis pas très douée pour le bricolage, mais dans ces moments-là, on est capable de beaucoup !

Trente minutes plus tard, Sélim est à la porte. Il s'escrime pour l'ouvrir avec ses clés, celles qu'il ne m'a jamais rendues, alors que le juge l'a exigé lors de l'audience de non-conciliation. Il commence à s'énerver, à sonner. Je m'approche, et soulevant le judas, je crie, triomphante :

« C'est fini maintenant ! Nous sommes divorcés depuis le 23 mars, j'ai reçu le jugement ! Alors pars ! Pars immédiatement ! Tu ne rentreras plus jamais ici ! »

Comme on l'imagine, Sélim devient fou. Je suis tremblante, impressionnée par ma propre audace, terrorisée surtout à l'idée que la porte cède sous ses coups. Il hurle, tambourine contre la porte, mais comme dans la fable, le loup a beau souffler, ma maison est en briques et ne bouge pas d'un pouce… Au bout d'un moment, voyant que je ne cède pas, il me crache dessus à travers le judas. Je reçois un peu de sa haine. Mais ma liberté toute neuve me fait supporter l'affront. Je lance même :

« Vas-y, profites-en, c'est la dernière fois ! Si tu continues, je vais appeler la police. Comme on est divorcés, tu risques d'avoir beaucoup de problèmes… »

Oh, sa rage immense ! Sa haine démesurée ! Sa colère sans limites ! Mais s'il est l'orage, cette fois, je suis bien à l'abri, et j'écoute le vacarme du tonnerre, de moins en moins effrayée. Au bout d'un moment :

« Sabrina ! Laisse-moi au moins prendre quelques affaires !

- Prends-moi pour une idiote ! Tu crois que je vais te laisser entrer après ce que tu m'as fait cette nuit ! »

Il tourne les talons. Et je finis par entendre mon prénom, vociféré depuis la rue. Je vais chercher une paire de baskets et deux ou trois vêtements, que je lui jette par la fenêtre.

Nous sommes le 20 août 1995.

Dix ans auparavant, dans la torpeur de l'été algérien, j'ai croisé son regard vert, qui m'a coupé le souffle. Neuf ans plus tôt, il m'a embrassée sur le banc du hammam. Neuf ans plus tôt, j'ai reçu la première gifle. Neuf ans d'hypnose, neuf ans d'apnée, neuf ans à croire que cela pouvait s'améliorer alors que tout ne faisait qu'empirer. Neuf ans pour réaliser cette évidence : il vaut mieux vivre seule qu'accompagnée d'un monstre.

J'ai 26 ans, et je commence à me réveiller.

MAGIE NOIRE

La paix ne vient pas tout de suite. Suivent plusieurs semaines de harcèlement téléphonique. Monsieur veut reprendre la vie commune et regrette, bien sûr, tout ce qu'il m'a infligé. Mais moi, les deux pieds dans ma nouvelle vie, dans mon nouveau moi, je suis toute à l'organisation de la rentrée, et je m'en contrefiche.

Il en faut du zen, croyez-moi ! Quelques jours après son départ, il me cambriole, une nouvelle fois. Plus de télévision, plus de magnétoscope, plus de téléphone. Disparue, la mallette qui contient tous mes papiers d'identité ! La nourrice, rentrant de promenade avec mes enfants, a trouvé la porte forcée… La police me demande l'adresse du suspect numéro un. Mais il a quitté son foyer Sonacotra et je ne sais pas où il se cache. Je passe plusieurs coups de fil à ses copains de foyer, et dix jours plus tard, je suis en mesure de donner une adresse aux inspecteurs. Une petite chambre en ville. Ils y trouvent ma télé et ma mallette – vide… Je suis convoquée pour une confrontation avec mon ex-mari. Très décontracté, il indique que c'est moi qui lui ai donné tout ça. L'affaire est classée sans suite.

Une année après le départ de Sélim, je ne vais pas si bien que cela. Je suis encore remplie de ces neuf années d'enfer. Une ex-femme battue, interrogée par Marie-France Hirigoyen, lui confie qu'il lui a fallu quatre ans après la séparation pour se sortir de l'emprise de son mari. Quatre ans ! Je vais vous dire quelque chose d'inconcevable : à cette époque, il arrive qu'il me manque. Lui ! L'« autre », comme l'appellent aujourd'hui mes fils. Il me hante. Il colonise mon esprit, jour et nuit – oh, mes cauchemars. À ces moments-là, je me sens poisseuse, perdue, seule au monde.

À la rentrée 1996, j'inscris Seyed, qui vient d'avoir 4 ans, à un cours de judo du quartier. Et je sympathise avec l'une des mamans du club, d'origine maghrébine comme moi. Elle me propose de boire un café chez elle, en attendant la fin du cours. Sophian est chez sa nourrice, alors j'accepte, et je la suis. Va pour un de ces moments conviviaux entre filles dont j'ai oublié la saveur, et que je retrouve avec plaisir. Nous papotons quand la sonnette retentit. Une femme entre, majestueusement. C'est une voyante, une Algérienne d'Oran, qui vient lui tirer les cartes. Une femme élégante nommée Amaria, en pantalons à pinces, la cinquantaine, un peu ronde, très chaleureuse.

Je suis gênée, mais mon hôtesse insiste pour que je reste. J'assiste au tirage en me faisant plus petite qu'une souris. Pour être franche, ça m'amuse. Mais quand tout est terminé, Amaria me regarde :

« Viens ma fille, viens. À ton tour. Gratuitement ! »

Je suis tentée et rebutée à la fois. La curiosité est la plus forte. J'accepte et je m'assois devant elle. Je tire des cartes parmi l'éventail qu'elle me présente. Elle commence. Très vite, ses mains se mettent à trembler !

« Je vois tout en noir… Je ne vois que des problèmes. Mon Dieu, Sabrina, qu'est-ce que tu as subi ! »

Je n'en reviens pas. Je ne crois pas beaucoup à ce genre de choses. L'autre maman est très étonnée. Elle ne sait rien, je viens de la rencontrer, je ne lui ai évidemment pas raconté mon histoire. Amaria continue :

« Je vois la justice. Je vois des problèmes avec un homme. Il est violent avec toi. Tu l'aimes ?

- Non ».

Je peux à peine parler.

« Si, tu l'aimes encore… »

Je respire profondément, et j'avoue, l'estomac noué, ce qui me hante depuis quelque temps :

« Non, non. Mais maintenant qu'il n'est plus là, qu'il est parti, et que je devrais me sentir bien, il se passe quelque chose quand je rentre à la maison.

J'ai des angoisses, j'ai envie de ressortir, je suis très mal… »

Amaria me dévisage :

« Il t'a jeté un sort. Il a mis quelque chose chez toi pour que tu reviennes vers lui.

- Quoi ? »

Je suis désarçonnée. Et soudain, là, devant Amaria, je me souviens d'une phrase de Sélim, prononcée quelques mois auparavant au téléphone. Il me harcelait encore à cette époque, et me menaçait de mort au téléphone. Au lieu de m'assurer que je finirais dans un asile psychiatrique après l'avoir quitté, propos qui revenait sans cesse, il a lancé cette phrase étrange : « Tu t'en vas, mais tu verras. Tu vas me courir après comme une chienne ». C'est donc de là que viendrait son incroyable assurance, d'un sort qu'il m'aurait jeté ? J'avoue, j'ai un peu de mal à le croire.

Amaria poursuit :

« Je crois que devant ta porte, par terre, tu vas trouver deux petites taches noires. C'est un détergent, le grésil. C'est ça, le sort qu'il t'a jeté pour que tu lui appartiennes à nouveau. »

Je reste interdite. Je regarde Amaria. Il reste un peu de temps avant la fin du judo. La maison est à deux pas. Je lui dis :
« Vous ne voulez pas venir voir avec moi ? »

Elle me suit. Sans beaucoup parler, nous cheminons sur le trottoir, puis montons les escaliers. Nous arrivons devant l'appartement. Je regarde par terre. Je ne vois rien. Elle soulève le paillasson et là, en haut à gauche, apparaissent deux petites taches noires. Le grésil !

Amaria recule ensuite d'un pas, observant le mur qui jouxte la porte. Elle repère une vieille bouche d'aération et y plonge la main. Elle en sort… un *k'teb*, un papier enroulé, noué avec un bout de tissu rouge ! À l'intérieur, des plumes de poule, et un texte en arabe qui parle d'amour… Je suis sidérée ! Elle me dit :

« Tout ça, c'est pour que tu retournes avec lui ».

Il a fait appel à une sorcière, et voilà que je suis ensorcelée ! Cela peut paraître incroyable, mais de fait, à chaque fois que j'entre dans mon appartement, que je franchis le seuil, je sens sa présence. L'angoisse monte. Et moi-même, d'être encore obsédée par lui à ce point, je n'arrive pas à me comprendre. C'est donc ça ! D'accord, c'est sûrement plein d'autres choses, mais c'est ça aussi. Pourquoi pas ?

Amaria propose de me désensorceler, moi et mon petit deux-pièces. Mes doutes sur la voyance et la magie n'ont plus aucune importance. Je veux qu'on m'aide. Ça me fait du bien. Deux jours après, elle revient à la maison avec du plomb qu'elle a acheté. Elle le fait fondre dans une casserole, mise par terre, à mes pieds, de telle manière que la vapeur remonte sur moi. Cette vapeur doit « aspirer » le mauvais sort. Quand la vapeur cesse, elle vide le plomb liquide dans une casserole d'eau froide, et le plomb, en se solidifiant, prend des formes qu'elle observe. Je ne comprends rien. Soudain, elle se met à bouger étrangement, comme si elle entrait en transe. Puis, elle tombe par terre, comme foudroyée ! Vous pouvez sourire, mais c'est spectaculaire. Impressionnant. Je panique et je me précipite vers elle. Très vite, elle reprend ses esprits :

« Donne-moi quelque chose de sucré, me dit-elle. Et ne t'inquiète pas. Tout le mal qui est en toi, il est allé sur moi ».

Elle reviendra deux autres fois pour « faire le plomb ». Pour désensorceler la maison. Très vite, je me sens mieux. Je suis désenvoûtée ! Peu importe la cause : la magie à proprement parler, ou simplement Amaria, sa présence, sa gentillesse, son attention pour moi. Je ne vois pas de psychothérapeute à l'époque, parce que j'ai la hantise qu'il me prescrive des anti-dépresseurs – j'ignore qu'on peut se soigner autrement. Amaria, en ce mois de septembre 1996, joue ce rôle, et j'en ai besoin. Qu'elle en soit ici remerciée.

« JE VAIS T'ÉGORGER »

En janvier 1997, Sélim et moi, nous nous retrouvons devant le Juge aux affaires familiales. Cette rencontre fait suite à ma plainte pour non-paiement de pension alimentaire. J'ai découvert sur un relevé bancaire, arrivé par erreur à la maison, que mon ex-mari a envoyé 1500 euros à ses parents – et j'en ai conclu que, par conséquent, il peut me verser quelques euros pour contribuer à l'éducation de ses enfants !

Pour se justifier, Sélim se lance dans une grande envolée à sa sauce d'où il ressort que je suis une « pute » et que cela me rapporte suffisamment d'argent. Je raconte, également, les conditions dans lesquelles il exerce son droit de visite : jamais aux heures prévues, refusant d'emmener Sophian qu'il qualifie de « bâtard », alors qu'il l'a reconnu à la naissance, et revenant au bout d'une heure du square, parce que Seyed a été un peu agité.

Pendant toute l'audience, Sélim se lève, m'injurie en français et en arabe, me traite de manipulatrice, s'énerve suffisamment pour que le juge ordonne que je sois escortée à la sortie. Ce jour-là, il est décidé qu'il verra ses enfants dans le cadre d'une association de médiation, et pas ailleurs. Si je suis désormais sortie de l'abîme qu'est ma dépendance à Sélim, lui, en revanche, ne se remet pas de notre séparation. Il va mal. Il lui arrive de me téléphoner frénétiquement, jusqu'à quinze fois par jour. Tant d'administrations et d'amis ont mon numéro que je trouve trop fastidieux d'en changer, et j'utilise mon répondeur pour filtrer les appels…

Un soir, en mai, à 22h30, pour son dixième coup de fil de la journée – qu'il passe depuis une cabine du quartier –, je prends la décision de lui parler, de brancher le répondeur et de l'enregistrer. Je me dis que cela peut toujours servir. Voici quelques extraits de cette invraisemblable conversation. Sélim a bu, ses mots sont fous, mais ils en disent long sur lui.

« Qu'est-ce que tu veux maintenant ?

- Droit au but : j'ai envie de te cogner la tête *[ton ironique, supposé être de l'humour]*.

- Essaie seulement de mettre la main sur moi ! Cette fois, ça ne passera pas, mon vieux…

- Mais moi, je serai ton garde du corps, sale vache ! Personne ne va te toucher, sale bourricot ! Je serai ton ombre…

- Tu sais, même si tu étais le dernier homme sur Terre, je ne voudrais pas vivre avec toi. J'ai souffert presque dix ans, ça m'a suffi.

- Mais tu vas souffrir encore.

- Ah oui ? Essaie seulement de t'approcher de moi et tu vas voir…

- Je serai ton ombre. »

Puis il crie :

« Attends Sabrina ! Je ne comprends pas. Je te fais peur ? Je ne suis pas un monstre… Tu dois me parler…

- Non, je ne veux pas te parler.

- Si, tu es mon esclave !

- L'esclave, elle t'emmerde ! C'est fini, cette histoire. L'esclavage a été aboli en 1995, le jour où on a divorcé !

- 1995 ? C'est du passé, ça. On est le 13 mai 1997.

- Le 13, ça porte malheur. Maintenant, dis-moi en deux mots ce que tu veux.

- Euh… Tout, tout, tout. Tu comprends pas ? Ton cul, ta tête, tes jambes, ton corps.

- Tu as encore bu…

- Ah ouais, j'ai bu ! J'ai tout mélangé, j'ai bu, j'ai bu, j'ai bu […] Maintenant, je veux être ton garde du corps. Voilà.

- Des hommes, il y en a partout, Sélim, je n'ai pas besoin de toi…

- Non, non, je serai ton garde du corps…

- Ouais, bien sûr, t'as raison… Je t'avertis Sélim, ne t'approche surtout pas de moi.

- Tu sais quoi, je vais me coller à toi. Chaque minute […] Tu me cherches ? Eh bien, j'suis ton garde du corps, demoiselle […] Moi, j'ai oublié ce qui s'est passé entre nous, c'était un cauchemar, c'était un cauchemar, un cauchemar… Moi je te le dis Sabrina, si tu m'acceptes comme garde du corps, tu n'auras rien à entendre de moi *[il veut dire : rien à me reprocher]* […] Moi, le moment où je suis tombé amoureux de toi, je t'ai vraiment aimée. J'ai aimé une jeune fille, c'est toi que j'ai aimée […] Que tu m'aies lâché comme ça, j'ai du mal à y croire. Ce n'est pas rentré dans ma tête. C'est rentré dans la tête de personne. Tu sais, si de temps en temps je te dérange, c'est pour arriver à une fin *[voix triste et abattue]*.

- La fin ? C'était il y a deux ans, la fin… Tu sais qu'on est divorcés, qu'il n'y a plus rien entre toi et moi, tu le sais ?

- Allez, tu me veux, tu m'acceptes ? Tu vas aller raconter tout ça à un juge, et il va te dire "Mais celui-là, il t'aime ! On n'a pas de loi contre ça !" Depuis que je suis né, personne n'a voulu me faire de mal, surtout pas les femmes. À Guelma, tout le monde me vénérait, m'aimait [...] »

Sélim regrette les années glorieuses de sa jeunesse. En 1997, il a 34 ans, pas de femme, pas de boulot valorisant, des enfants qui le voient comme un homme violent qui ne s'occupe pas d'eux et frappe leur mère... Il vit dans un foyer et il boit. Il n'a aucun avenir. Ce que je note aussi, c'est son incapacité totale à accepter notre divorce. Il est plus qu'immature, c'est un vrai gosse. Quant à sa volonté d'être mon « garde du corps », elle est incroyable. Il a utilisé mon corps comme une chose, et maintenant qu'il est dépourvu de ce *punching-ball*, il veut le « garder » pour que personne d'autre ne le touche...

Ce soir-là, j'écoute Sélim, et puis je ne l'écoute plus. Je pose le combiné et je me lève pour ranger mon salon, me mettre en pyjama. Je fais cela parfois avec lui. Il continue à parler sans réaliser que je ne suis plus à l'autre bout du fil. Et il finit par raccrocher. Dix ans plus tard, pour écrire ces pages, j'ai écouté cette petite cassette retrouvée dans mon fouillis. Et j'ai découvert avec effarement la fin de son monologue, que je n'avais jamais entendue :

« Moi, j'aime Seyed et Sophian, et toi tu m'aimes pas [...] Moi, demain, si je me propose d'être ton garde du corps, je vais te trahir. Je serai armé, je vais t'égorger. Sans que personne ne le sache. Sans que personne ne le sache, je peux te tuer sans traces, ni rien. Mets-toi dans la tête que je te tue *[il parle doucement, calmement]*. Si je te tue, je te tue intelligemment. Mets-toi dans la tête que ce ne sera pas bêtement, mais intelligemment. »

Je découvre ces menaces dix ans plus tard. Elles font froid dans le dos. Comment aurais-je réagi si je les avais entendues en direct ? Avec effroi, ou détachement ? Je ne sais pas. Je crois que j'aurais peut-être été trop habituée à la brutalité pour m'en offusquer. Quelques mois plus tard, glissée sous ma porte, je trouve une page arrachée d'un journal de petites annonces locales. Des mots au stylo Bic noir sont griffonnés dans la marge :

« Je t'aime, toi, tu t'en fiches. J'ai assez souffert, et j'ai tout compris, je te promets, je t'aimerai pour toute la vie. Fais-moi confiance et donne-moi ta main. Tu sais, on n'est pas les mauvais de ce monde… Suffit que tu me parles, tout ira bien, Inch'Allah. Perds pas de temps et pense à toi, regarde pas en arrière. Je ne veux pas t'oublier, je veux continuer le reste de ma vie entre vous, en plein bonheur… Pour moi, je pressens la bonne vie, la bonne entente. »

Mon pressentiment, à moi, n'est pas exactement le même !

LE DERNIER COUP

La vie ressemble parfois à un film d'aventures. Mais le pire dans mon cas, c'est que les rebondissements ne cessent pas avec mon divorce ! J'aurais aimé pouvoir vous décrire une vie de tranquillité et de bonheur retrouvés. Quelque chose de doux et de simple. Mais non. Certes, il y a de nombreux points positifs : une vie professionnelle enrichissante – je serai hôtesse d'accueil, agent administratif à l'hôpital, représentante en produits nutritionnels, et je suis aujourd'hui auxiliaire de vie auprès des personnes âgées ou handicapées. Des nouveaux amis à la pelle. Des garçons qui réussissent à l'école. Un nouvel appartement (enfin !) de trois pièces…

À partir de 1997, je commence à profiter de la vie. Je pars en vacances dix jours dans les Caraïbes, je séjourne sur la Côte d'Azur, chez ma sœur… Mes enfants ont enfin le droit à une maman épanouie. Et tant pis si Sélim rôde toujours, comme une âme en peine. Car les cinq années qui suivent le divorce sont, hélas, marquées par les dernières pulsions d'un Sélim qui, sans doute, ne comprend pas à quel point il est malade. Vivant désormais loin de nous dans la banlieue de Lyon, avec un droit de visite extrêmement restreint, il trouve quand même le moyen d'exercer sa violence plusieurs fois. Et pas seulement sur moi. Laissez-moi vous raconter trois épisodes, qui paraîtront dans les premières lignes plutôt banals à celles et ceux qui ont vécu des divorces conflictuels, mais qui, grâce à Sélim, ont un épilogue un peu particulier. Laissez-moi vous raconter les derniers coups de poing.

Septembre 1998, trois ans après notre séparation. Seyed entre au CP, et Sophian en moyenne section de Maternelle. Tout va plutôt bien, sinon que Sélim m'a assignée en justice pour non-présentation d'enfants. Il n'a pas tort : l'association au sein de laquelle il pouvait exercer son droit de visite, en présence d'un médiateur, est à une heure de voiture de chez moi. Et je n'ai ni le temps, ni l'envie d'y emmener Seyed et Sophian. J'ai demandé, en vain, que le juge désigne une association plus proche de la maison. Lors de l'audience en maison de justice, j'explique pourquoi je n'emmène pas les enfants et j'en profite pour signaler que Sélim n'a jamais versé un sou de pension alimentaire.

Il a, avec lui, une béquille et jure qu'il a eu un accident, qu'il ne gagne plus rien, qu'il ne peut pas me verser de l'argent. Mais sans preuves. Nous avons même droit à cela : « Cette femme-là dit qu'elle a besoin d'argent, alors qu'elle a fait de la chirurgie esthétique ! » C'est de la chirurgie réparatrice : comme il m'a cassé deux fois le nez – dont une double-fracture – je suis passée sur le billard pour effacer ses forfaits…

Il est convenu que ses visites auront lieu dans une association plus proche de l'appartement. Et qu'il doit verser la pension, puisqu'il travaille. Il est furieux. Nous sortons séparément et je vais prendre le bus, pensant être débarrassée de lui pour un bout de temps. Mais pas de chance, voilà qu'il monte à l'arrêt suivant. Au passage, il marche tout à fait normalement : l'accident est bien une comédie. Il m'aperçoit. Je suis assise à côté d'un jeune homme. Il me fonce tout simplement dessus et me frappe sur les bras et les jambes avec sa béquille ! Je hurle. Immédiatement, le chauffeur bloque les portes, essaie de calmer ce cinglé et appelle des agents de sécurité, qui arrivent au bout de quelques minutes. Ils embarquent Sélim au commissariat.

Lorsque le bus repart, et que je tente en essuyant mes larmes de rassembler les noms et les contacts des passagers qui voudraient bien témoigner par écrit de ce qui s'est passé. Misère ! Tout le monde se défile. Seul, mon jeune voisin, Mickaël, accepte. Merci Mickaël ! Résultat des courses :

Centre hospitalier Saint-Joseph & Saint-Luc
Lyon le 08-09-98
Je soussigné, docteur S.
certifie avoir examiné ce jour au service des urgences
Sabrina R.
qui déclare avoir été victime le 08-09-98 d'une agression, et avoir constaté ce qui suit :
Hématome au-dessus du coude droit et au poignet droit. Patiente choquée par l'agression. Plaie cheville droite. Choc émotionnel important, pleurs ++++
L'incapacité temporaire totale de travail est de 5 jours.

Le 7 janvier 2000, Sélim est condamné pour l'affaire de la béquille, par le tribunal de police, à me payer 600 euros de dommages et intérêts, ainsi que 230 euros de frais d'avocat. Il doit verser 100 euros à la Caisse d'assurances maladie et son permis de conduire est suspendu pendant un mois. C'est un peu dérisoire, je sais, cette condamnation pour deux bleus et une plaie, quand il a manqué me tuer à plusieurs reprises. Ces dommages et intérêts sont minuscules et il ne me les a, bien sûr, jamais versés. Mais voilà : cette fois-ci, non seulement j'ai porté plainte, mais je n'ai pas retiré ma plainte. Et l'action judiciaire est allée jusqu'au bout. Ce n'est pas rien.

PLAISE AU TRIBUNAL

I - LES FAITS

Le 8 septembre 1996, alors que Monsieur [redacted] et Madame R[redacted] sortaient de la Maison de Justice de BRON où les deux ex-conjoints avaient été convoqués pour un problème de pension alimentaire, Monsieur [redacted] suivait son ex-épouse dans le bus, la provoquait et l'insultait.

Madame R[redacted] ne répondait pas et restait assise à sa place.

Monsieur [redacted] très énervé, avec une béquille la frappait sur tout le corps.

Le chauffeur du bus s'apercevant de cette agression prévenait les policiers qui, à l'arrêt suivant, interpellait Monsieur [redacted].

Monsieur [redacted] conteste les faits qui lui sont reprochés.

Pourtant, Monsieur Mickaël [redacted] passager du bus et qui a assisté à l'ensemble de la scène, confirme les déclarations de Madame R[redacted] précisant que Monsieur [redacted] était très énervé et qu'il lui a donné un coup de béquille.

Monsieur [redacted] sera donc déclaré coupable des faits qui lui sont reprochés.

Il sera condamné à réparer l'entier préjudice subi par Madame R[redacted]

II - LE PREJUDICE

Madame R[redacted] se rendait aux urgences de l'Hôpital SAINT JOSEPH de LYON.

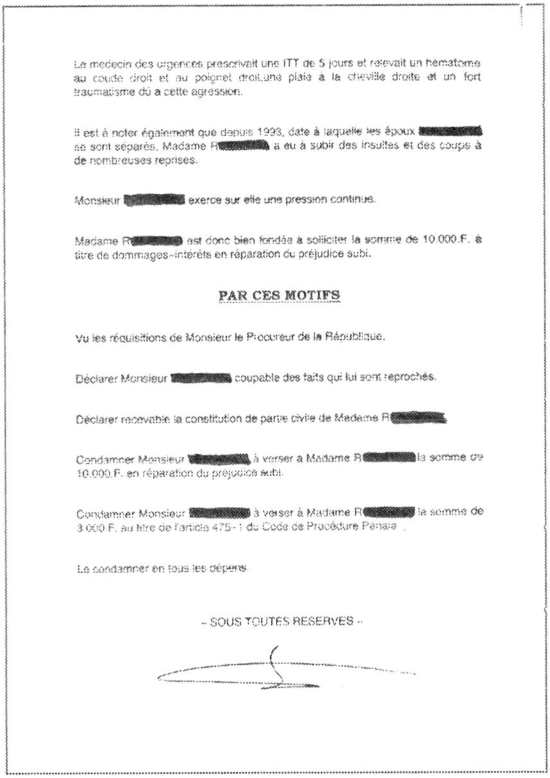

Le medecin des urgences prescrivait une ITT de 5 jours et relevait un hématome au coude droit et au poignet droit,une plaie à la cheville droite et un fort traumatisme dû a cette agression.

Il est à noter également que depuis 1993, date à laquelle les époux [redacted] se sont séparés, Madame R[redacted] a eu à subir des insultes et des coups à de nombreuses reprises.

Monsieur [redacted] exerce sur elle une pression continue.

Madame R[redacted] est donc bien fondée à solliciter la somme de 10.000.F. à titre de dommages-intérêts en réparation du préjudice subi.

PAR CES MOTIFS

Vu les réquisitions de Monsieur le Procureur de la République.

Déclarer Monsieur [redacted] coupable des faits qui lui sont reprochés.

Déclarer recevable la constitution de partie civile de Madame R[redacted]

Condamner Monsieur [redacted] à verser a Madame R[redacted] la somme de 10.000.F. en réparation du préjudice subi.

Condamner Monsieur [redacted] à verser à Madame R[redacted] la somme de 3.000.F. au titre de l'article 475-1 du Code de Procédure Pénale .

Le condamner en tous les dépens.

- SOUS TOUTES RESERVES -

Le jugement du tribunal de Lyon en date du 7 janvier 2000, condamnant Sélim pour m'avoir agressée à la béquille dans un bus. Une minuscule condamnation comparé à ce qu'il m'a fait subir, mais une grande victoire pour moi.

Septembre 1999. Épisode aussi triste que rocambolesque. Épisode international avec ça ! Je reçois une convocation du juge aux affaires familiales. J'en connais le motif : en début d'année, Sélim a demandé une révision du jugement de divorce. Il ne veut pas payer de pension alimentaire. Il exige d'avoir l'autorité parentale exclusive sur nos deux fils, avec un droit de visite et d'hébergement un week-end sur deux ainsi que pendant les vacances, chez lui. Rien que ça ! J'ai la trouille au ventre. Si ces droits de visite en dehors de l'association de médiation lui sont accordés, je sais qu'il va emmener les garçons à Guelma, et que le piège se refermera de nouveau, peut-être à jamais.

Heureusement, l'audience se passe bien : ni l'autorité parentale, ni les droits de visite à son domicile ne lui sont accordés. Mais le plus notable est… son absence. Ou plutôt les causes de son absence.

Son avocat s'explique :

« M. B. n'est pas parmi nous aujourd'hui puisqu'il est retenu en Algérie. Il a été frappé par un membre de votre famille, madame. Il attend une audience au tribunal de Guelma dans les prochains jours ».

Je manque d'en tomber à la renverse. Je me sens engloutie par une vague de malheur et d'angoisse, de celles qui ont failli me noyer pendant toutes ces années. Je me précipite à la maison pour appeler ma mère. Ma mère en larmes. Sélim a frappé mon père. Mon frère a frappé Sélim. Cela s'est passé une semaine avant. Ils ne m'ont pas appelée pour ne pas m'accabler… Mon père attendait ma mère devant un hammam, assis au volant de sa voiture. Et voilà que Sélim, en vacances à Guelma, est apparu, marchant sur le trottoir. Reconnaissant mon père, il s'est mis à lui hurler dessus. Mon père étant coupable de ne pas m'avoir convaincue de revivre avec lui, nos petits garçons étaient presque orphelins ! Dans la foulée, Sélim lui a envoyé un énorme coup de poing au visage, qui lui a décroché la mâchoire. La mâchoire ! Mon papa, 63 ans, n'a pas pu manger pendant plusieurs jours.

C'est effrayant. Le pouvoir de nuisance de cet homme, du père de mes enfants, de l'amoureux de ma jeunesse… Je pleure, à mon tour, nous pleurons toutes les deux ensemble, ma mère et moi, chacune d'un côté de la Méditerranée. Bien sûr, les choses n'en restent pas là. Mon père porte plainte. Sélim se cache loin de chez ses parents, et l'un de mes frères sillonne la ville pendant trois jours avant de lui tomber dessus à bras raccourcis. Ce que Sélim raconte à son avocat, en oubliant naturellement la première partie de l'histoire.

Quelques jours plus tard, Sélim est condamné par le tribunal de Guelma à un mois de prison avec sursis et 10000 dinars (une centaine d'euros) de dommages et intérêts. Qu'il paie, et que mon père reverse… à un orphelinat, car il ne peut pas accepter de l'argent de celui qui a été le cauchemar de sa fille.

Et maintenant, le dernier coup. C'est en mars 2000, une visite de Seyed, 7 ans et demi, et Sophian, 5 ans et demi, à leur père, dans le cadre d'une association de médiation, la Presqu'Ile, dans le quartier de la place Belcourt, à Lyon. Je les y laisse pour la matinée, avec toujours cette peur terrible de l'enlèvement, peur qui ne me quitte pas malgré la présence des éducateurs. Quand je reviens les chercher et que nous descendons ensemble les escaliers du local, à l'extérieur, Sélim, soudain, jaillit juste derrière moi. Sans raison, il m'insulte. Me crache dessus. Puis me frappe, plusieurs fois, sur le crâne et sous la nuque. Devant mes enfants, qui crient de terreur.

Je dois suivre une rééducation de la colonne cervicale chez un kinésithérapeute. Après cinq séances, il constate une « aggravation » de mon état, ainsi qu'il le rédige dans un certificat. Aujourd'hui encore, sept ans après les faits, je dois me rendre de temps en temps à une séance de kinésithérapie pour remettre mon corps d'aplomb… Mais malgré un dossier médical consistant – dix lignes pour décrire les différentes contusions dont je souffre dans le certificat rédigé par l'hôpital –, ma plainte est classée sans suite, parce que l'incapacité temporaire totale de travail n'excède pas trois jours.

Maintenant, je sais qu'il aurait fallu relancer la procédure pour que cela débouche sur un nouveau procès, ce que j'ignorais alors. Ce qui me bouleverse le plus, malgré tout, ce sont les réactions de mes garçons suite à cette agression. Le pipi au lit, la baisse d'attention en classe… Ils vont voir un psychologue. Et Seyed dessine, pendant l'une des séances, un homme derrière les barreaux d'une prison.

Ce coup est le dernier que Sélim m'ait porté à ce jour.

1986-2000. Quatorze ans entre la première gifle dans les jardins du hammam et les coups de poing sur la nuque à la Presqu'Ile. Mais parce que j'ai été si seule et si peu conseillée, parce que la culpabilité m'assaillait dès que je déposais une plainte, et que j'en ai retiré beaucoup, je n'ai jamais pu intenter de procès à Sélim pour l'ensemble des sévices qu'il m'a fait subir. Si je le pouvais, je le ferais aujourd'hui. Mais c'est trop tard. Je le regrette, infiniment. Il n'y a pas eu réparation. Et Sélim, de ce fait, n'a jamais été obligé de se soigner.

VIVRE, À NOUVEAU

C'était quelque chose, mes cheveux ! Bouclés, abondants, ils étaient ma fierté. Pendant mes années de couture au lycée, parce que j'étais grande et mince et que j'avais cette chevelure, j'étais souvent sollicitée pour jouer la mannequin maison et porter les créations de mes copines de classe. Quand je me suis mariée, les parents de Sélim m'ont demandé de porter une kachabia à capuche avec un petit foulard. Une tradition, chez eux. Mais cacher mes cheveux, jamais !

Lorsque des grandes séances de tabassage, ce sont mes cheveux qui prenaient en premier. Toujours, toujours, Sélim empoignait ma chevelure. Il me traînait par les cheveux, par terre, ou dans les escaliers. Pendant les semaines qui suivaient, mon crâne n'était que bosses, je pouvais à peine le toucher. Mais mes cheveux restaient là, vivaces. C'est après mon divorce que je commence à les perdre. Terriblement. Malgré ma bonne alimentation, ma bonne hygiène de vie, ma pratique sportive, ils tombent par poignées, au moindre coup de brosse. Je consulte plusieurs médecins, mais rien de ce qu'ils me prescrivent ne fonctionne. Ils s'étonnent de ce qui m'arrive, point. C'est une homéopathe qui finit par me poser les bonnes questions :

« Vous avez eu des soucis, ces dernières années, madame ? Un divorce ? »

Je réponds sans m'étendre que j'ai subi des violences, pendant longtemps.

« Ne cherchez plus, me dit-elle. C'est ça. »

Mes cheveux n'ont pas réagi pendant les coups. Ils se révoltent après. Mon corps brutalisé, épuisé se manifeste à retardement. J'en achète, des produits anti-chute de cheveux… Sans grand succès. Je commence par me faire ajouter des extensions, des postiches. Et puis un jour, en cherchant sur

Internet, je tombe sur un salon de reconstitution capillaire avec cheveux naturels, très chic, à Paris. Je me fais envoyer le catalogue. C'est hors de prix, destiné à la jet-set, aux hommes d'affaires suisses ou saoudiens… J'y vais quand même. Je suis sacrément déterminée. Je veux négocier quelque chose, un paiement échelonné, que sais-je ? Je finis par raconter mon histoire, et l'une des patronnes du salon, une Iranienne, se prend d'amitié pour moi. Elle me propose de me poser gratuitement des cheveux, une fois tous les deux mois, si j'accepte d'être leur « ambassadrice », c'est-à-dire d'être interviewée et prise en photo. Franchement, comment refuser ? Je saute sur l'occasion. J'y vais régulièrement depuis. Retrouver ma chevelure fournie, c'est retrouver mon corps, ma féminité, c'est me retrouver moi-même.

Et mon corps, justement ? Cela ne cesse pas de m'étonner : je suis là, bien vivante, plantée sur mes deux pieds. J'ai fait refaire mon nez en mars 1996, pour les raisons que vous savez. Il me reste seulement deux traces des sévices que j'ai subis : une brûlure de cigarette au-dessus de la lèvre, administrée par Sélim sur la terrasse de la maison du hammam, lors de nos premiers mois de mariage. J'ai furtivement allumé une cigarette en étendant le linge, parce que je le pensais en pleine conversation avec un ami dans le salon. Il a senti l'odeur, et poussé le sadisme jusqu'à descendre chercher le mégot incandescent que j'avais jeté par-dessus le balcon, pour me l'appliquer au-dessus de la bouche… Car les coups ne lui suffisaient pas toujours : mon ex-mari avait de l'imagination.

Il me reste aussi une cicatrice sur le tibia. Encore une histoire de cigarette ! Bien après notre divorce, il m'a vue fumer dans un square, assise sur un banc avec une amie pendant que mes enfants jouaient. J'ai eu droit à un formidable coup de pied, comme ça, en public, alors qu'il n'était plus rien pour moi. Quant à ma fracture du coccyx, j'ai mis trois ans à m'en remettre. Longtemps, je n'ai pas pu m'asseoir sur une chaise en bois. Il me fallait un petit coussin. Il y a aussi ma colonne cervicale, que « j'emmène » parfois chez le kinésithérapeute parce qu'elle me fait souffrir…

Mais c'est tout. Cela aurait pu être pire. Je pourrais être dans un fauteuil roulant. Je pourrais être dans la tombe. Mon corps, je l'ai réinvesti par le sport. J'ai pratiqué la boxe française, le ju-jitsu. J'ai appris à me battre. Je voulais pouvoir me défendre s'il tentait de me frapper à nouveau. Et puis j'ai ajouté la musculation, la danse orientale, la danse rock, la salsa, la natation, le fitness, les haltères… Entre 2004 et 2006, j'ai pratiqué plus de dix heures de sport par semaine ! À la piscine, où j'allais nager chaque jour un kilomètre, ils ont fini par me faire rentrer gratuitement… Je me suis un peu calmée : en ce moment, je me contente d'une heure de vélo d'appartement par jour, et d'un peu de musculation.

D'une certaine manière, je suis passée d'une addiction qui me détruisait le corps – Sélim – à une autre, qui le reconstruit. J'aime avoir un corps ferme et sculpté. En courant, en dansant, je me défais des années sombres, je continue à me désensorceler – comme si ma transpiration avait les mêmes vertus que la vapeur du plomb d'Amaria.

Je suis vivante, enfin.

LA TÊTE HAUTE

Je suis assise sur le sable d'une plage d'Annaba, en compagnie de mes garçons. L'été 2006. Dieu sait qu'il y a des plages à Annaba, et du monde sur les plages, à n'en plus finir. Mais je reconnais la personne qui se dirige vers moi, ce jour-là, cheminant à travers les parasols. C'est Inès, la sœur de Sélim, la propriétaire du hammam. Elle me salue. Elle s'assied à côté de moi. Et se met à me parler :

« Tu sais, Sélim t'aime toujours. Il voudrait recommencer à vivre avec toi. C'est triste que tes enfants voient si peu leur père. Il faut oublier le passé. Réfléchis. Moi, mes enfants n'ont plus leur papa… »

Le mari d'Inès, celui qui a fait un scandale à l'aéroport de Constantine le jour où j'ai tenté de fuir Guelma avec Seyed, est mort en 2003, emporté par une crise cardiaque. Et quelques mois plus tard, j'ai perdu ma chère sœur Shérazade, décédée après avoir attrapé un staphylocoque doré à l'hôpital. Inès et moi nous nous sommes vues lors des obsèques de Shérazade. Elle m'a dit à peu près la même chose à l'époque : il fallait que je retourne avec Sélim, il m'attendait !

Du reste, elle n'est pas la seule. Celle que j'appelais « Maman Dabia », la mère de Sélim, est allée jusqu'à redemander ma main à mon père. Juste après l'enterrement. Huit ans après le divorce, onze ans après l'affaire du tuyau d'arrosage… Le clan n'a toujours rien compris. Le clan y croit encore. Comment réagir ? En 2003, quand mon père me fait part de cette demande en mariage, j'éclate de rire. Trois ans plus tard, sur la plage aux côté d'Inès, je ne réponds même pas. Je l'écoute, très lasse, fatiguée de tout cela. Cette histoire me poursuit. Partout. L'autre jour, Sélim aborde mon aîné,

Seyed, après un match de foot – il vient parfois le voir jouer au foot. Il lui demande si j'ai eu un bébé, parce qu'il croit m'avoir vue avec une poussette... Il est parfois difficile de se projeter dans l'avenir, quand le passé s'accroche aux branches, quand l'« autre » rôde toujours.

Cette histoire a commencé en Algérie. Mais je voudrais faire la part des choses entre le machisme méditerranéen ordinaire, et ce qui m'est arrivé. Certes, l'emprise d'un homme et de sa famille sur une jeune femme est bien plus grande au Maghreb qu'ici. La manière dont les parents et les proches de Sélim l'ont soutenu, au lieu de lui faire prendre conscience de la gravité de ses actes, est peut-être une spécificité locale. La violence masculine, là-bas, est davantage tolérée.

Mais il ne faut pas se tromper de colère. L'extrême violence contre les femmes, l'imagination dans la perversité, l'incroyable absence de remords ne sont ni français, ni algériens. Ils sont universels. Mon incapacité à sortir du piège n'a pas non plus de nationalité. Et c'est en France que je me suis enfoncée, d'abord parce que j'avais perdu toute confiance en moi, parce que j'étais seule, parce que les textes de loi étaient insuffisants et aussi parce que les services sociaux, la police, la justice ou l'hôpital n'ont pas su me protéger.

En 2006, l'association Amnesty International a dénoncé le retard de la France dans la prise en charge des femmes battues, et le nombre encore insuffisant de centres d'hébergement qui sont mis à leur disposition. Et pourquoi est-ce toujours à la femme divorcée de réclamer la pension alimentaire à son ex-mari récalcitrant, voire à l'assigner en justice – procédure longue, technique, pénible – quand il refuse de nourrir ses propres enfants ? Je pense que c'est à l'État de verser la pension alimentaire décidée par la justice et ensuite, de se donner les moyens – policiers s'il le faut – de récupérer cet argent. Élémentaire, non ?

Douze ans après la séparation, je n'ai toujours pas d'homme dans ma vie. Oh, j'ai eu des amoureux, j'ai découvert les câlins, la tendresse, et même le plaisir. Mais, pendant longtemps, je ne me suis pas autorisée à penser que je pourrais partager mon quotidien avec quelqu'un. Parce que je n'étais pas libérée de tout cela, parce que j'avais peur des hommes, peur d'être toujours sur mes gardes, de guetter le moindre signe annonciateur de violence. Sélim m'a tellement dévalorisée que je n'arrive toujours pas à croire ceux qui me trouvent jolie ou sympathique. Qu'est-ce que j'ai entendu ! Que j'étais moche, stupide, nulle, incapable... Les femmes victimes de violences conjugales le savent : ce mépris, sans parler des insultes, est parfois plus dur à supporter que les coups eux-mêmes.

Je commence seulement à penser que je mérite de rencontrer quelqu'un de bien. J'ai beaucoup à donner. Je suis pleine d'amour. En plus, j'ai envie d'un troisième enfant... En attendant, je regarde mes fils. J'en suis fière ! Seyed va avoir 16 ans, il prépare un bac professionnel en électrotechnique, tout en pratiquant le football à un très haut niveau, dans un club réputé de la région lyonnaise. Sophian n'a pas encore 14 ans… Et il est déjà en troisième. C'est un excellent élève, il a sauté une classe, il a toujours les félicitations de ses enseignants. Il veut faire des études de médecine. Mes garçons, je crois, m'ont préservée. Ils sont exemplaires. Je n'ai jamais eu de soucis avec eux. J'espère que le poids de mon passé ne pèse pas trop sur leurs épaules.

Je veux m'adresser une dernière fois aux femmes qui subissent ce que j'ai subi. Qui sont en train de perdre pied, qui n'arrivent plus à réagir, qui se noient dans le malheur.

S'il vous plaît, écoutez-moi ! Je vous en supplie…

N'ayez pas honte. Parlez. Portez plainte. Ne retirez pas vos plaintes.

Ne faites pas comme moi. Restez dans la salle d'attente de l'association qui peut vous aider ! Sachez-le, s'il est difficile de se retrouver seule avec ses enfants, c'est mille fois mieux que de devenir une loque. J'ai pu éduquer seule mes deux fils, ce n'est pas si compliqué. Je voudrais tant que mon livre vous donne la force de partir.

Je suis la preuve vivante qu'on peut sortir de la nasse même quand la violence est sans limites. J'ai assez connu l'enfer pour ne pas vouloir y retourner. Mais il me reste un long chemin à parcourir, puisque je n'ai pas encore entamé de psychothérapie. Je veux le faire. Beaucoup de plaies ne sont pas refermées. Je n'ai pas encore tout compris.

Mais regardez-moi : je marche la tête haute et ma vie m'appartient.

ADRESSES UTILES

Numéro pour les victimes et témoins de violences conjugales : **39 19** (coût d'un appel local)

Horaires : du lundi au samedi, de 8 heures à 22 heures (jours fériés : de 10 heures à 20 heures)

Il est possible de vous rappeler. Si vous êtes étrangère, des écoutantes parlant anglais, espagnol, allemand, arabe, berbère, italien, peuvent être sollicitées.

Association européenne contre les violences faites aux femmes au travail :

Tél : **01 45 84 24 24**. Site : **www.avft.org**

Liste nationale des permanences d'accueil pour les victimes de violences :

01 - Ain
La parenthèse (Bourg-en-Bresse).
Tél : 04 74 32 11 30
FAR (Bourg-en-Bresse). Tél : 04 74 45 13 77
Le temps des cerises (Bourg-en-Bresse).
Tél : 04 74 21 44 86

02 - Aisne
ESSEME (Chauny). Tél : 03 23 39 45 36
Complexe Social de Laon (Laon).
Tél : 02 23 23 06 81

03 - Allier
CIDF Moulins. Tél : 04 70 35 10 69.
Mail : cidff03@worldonline.fr

04 - Alpes-de-Haute-Provence
CIDF Digne-les-Bains. Tél : 04 92 36 08 48
CIDF Manosque. Tél : 04 92 87 28 45
CIDF Forcalquier. Tél : 04 92 75 46 21

CIDF Barcelonnette. Tél : 04 92 80 71 30
CIDF Seyne-les-Alpes. Tél : 04 92 35 28 50
Mail : CIDF04@wanadoo.fr
Association PAROLE (Forcalquier).
Tél : 04 92 75 35 54.
www.sosviolenceconjugale04.org

05 - Hautes-Alpes
CIDF Gap. Tél : 04 92 31 35 94

06 - Alpes-Maritimes
ACC Femmes Solidarité (Nice).
Tél : 04 93 52 17 81
CIDF Alpes-Maritimes (Nice). Tél : 04 93 87 24 64

07 - Ardèche
CIFF Aubenas. Tél : 04 75 93 31 70

08 - Ardennes
CIDF Charleville-Mézières. Tél : 03 24 37 39 98
Mail : antenne-08.C.I.D.F@wanadoo.fr
CHRS l'Ancre (Charleville-Mézières).
Tél : 03 24 33 25 40.
Mail : ancre.directeur@wanadoo.fr

CHRS Voltaire (Charleville-Mézières).
Tél : 03 24 58 26 27
Mail : CHRS-VOLTAIRE@wanadoo.fr
CHRS l'Espérance (Sedan). Tél : 03 24 27 61 01
Mail : CHRS-ESPERANCE@wanadoo.fr
CHRS MADEF (Warcq). Tél : 03 24 56 16 33

09 – Ariège
CIDF Foix. Tél : 05 61 02 81 77

10 - Aube
Solidarité Femmes (Troyes). Tél : 03 25 73 26 26
Mail : sf.troyes@wanadoo.fr
CIDF de l'Aube (Troyes). Tél : 03 25 73 15 25
Mail : cidf.aube@libertysurf.fr
Clair Logis (Troyes). Tél : 03 25 73 08 80
Nouvel Objectif (Troyes). Tél : 03 25 81 03 36
Les Cytises (Troyes). Tél : 03 25 83 21 10

11 - Aude
CEDIFF Narbonne. Tél : 04 68 42 51 30
Mouvement Français pour le Planning Familial (Lézignan-Corbières). Tél : 04 68 27 30 65
CIDF Narbonne. Tél : 04 68 42 51 30

CIDF Carcassonne. Tél : 04 68 72 47 37
CIDF Port-la-Nouvelle. Tél : 04 68 40 37 45

12 - Aveyron
SAVIF 12 (Rodez). Tél : 05 65 73 19 07

13 - Bouches-du-Rhône
Istres Femmes Informations. Tél : 04 42 55 46 87
Centre Social l'Abeille (La Ciotat).
Tél : 04 42 83 13 62
Centre hébergement urgence (La Ciotat).
Mail : stationlumière@worldonline.fr
Stop Violences femmes (Aix-en-Provence).
Tél : 04 42 63 18 82
CHRS Jean-Polidori (Aix-en-Provence).
Tél : 04 42 17 40 80
SOS Viol (Marseille). Tél : 04 91 56 04 10
Le Nid (Marseille). Tél : 04 91 82 04 84
SOS Femmes battues (Marseille).
Tél : 04 91 24 61 55
ARS Atelier Passerelle (Marseille).
Tél : 04 91 37 93 70
ARS Foyer Le Casterelet (Marseille).
Tél : 04 91 06 63 12

ARS Lou Cantou (Marseille). Tél : 04 91 64 63 62
CHRS La Chaumière (la Roque d'Antheron).
Tél : 04 42 50 47 01

14- Calvados
Mouvement français pour le planning familial (Caen). Tél : 02 31 82 20 50
Mail : a.l.i.s.traitdunion@wanadoo.fr
CIDF Caen. Tél : 02 31 34 24 40

16 - Charente
CHRS – Dispositif Violences conjugales.
Tél : 0800 16 79 74
CIDF Angoulême, Ruffec, Zone Horte et Tardoire.
Tél : 05 45 92 34 02
Permanences Soyaux. Tél : 05 45 22 76 61
Basseau. Tél : 05 45 24 68 01
Cognac. Tél : 05 45 36 87 50
Cognac. Tél : 05 45 82 60 03
Barbezieux. Tél : 05 45 78 21 16
Confolens. Tél : 05 45 84 00 43
Mail : cidf.charente@wanadoo.fr

17 - Charente-Maritime
CIDF La Rochelle. Tél : 05 46 41 18 86
Mail : cidf@club-internet.fr
CHRS La Fraternité (La Rochelle).
Tél : 05 46 43 25 27
CHRS Louis-Jardonnet (La Rochelle).
Tél : 05 46 28 10 80
ADEJ 17 (Rochefort). Tél : 05 46 87 38 03
CHRS La Mandragore (Saintes).
Tél : 05 46 74 43 21
CHRS Le Cabestan (Rochefort).
Tél : 05 46 99 72 00
Association le Tremplin 17 (Saint-Augustin).
Tél : 05 46 22 41 64

18 - Cher
Relais Enfance et Famille (Bourges).
Tél : 02 48 70 02 72

19 - Corrèze
SOS Violences conjugales (Brive-la-Gaillarde).
Tél : 05 55 88 20 02

2A - Corse-du-Sud
FALEP-CHRS Ajaccio. Tél : 04 95 21 41 97

2B - Haute-Corse
Association familiale Maria Stella
(Ville di Pietrabugno). Tél : 04 95 32 12 09
CIDF Bastia. Tél : 04 95 33 43 25

21 - Côte-d'Or
Résidence Blanqui (Dijon). Tél : 03 80 78 93 93
Ligne d'écoute Violences (Dijon).
Tél : 03 80 38 19 99
ANDAVIP 21 (Dijon). Tél : 03 80 70 45 81
Mail : adavip.21@wanadoo.fr
Solidarité Femmes (Dijon). Tél : 03 80 67 17 89

22 - Côtes-d'Armor
Accueil Femmes (Saint-Brieuc).
Tél : 02 96 68 42 42
Maison de l'Argoat (Guingamp).
Tél : 02 96 40 17 40
Espace Femmes (Dinan). Tél : 02 96 85 60 01
Femmes Solidarité (Guéret). Tél : 05 55 52 46 46

23 – Creuse
Femmes Solidarité (Guéret). Tél : 05 55 52 46 46

24 - Dordogne
Collectif femmes (Périgueux). Tél : 05 53 35 03 03

25 - Doubs
Solidarité Femmes (Besançon).
Tél : 03 81 81 03 90.
Mail : solfembesac@wanadoo.fr

26 - Drôme
CIFF Valence. Tél : 04 75 82 06 10
MFPF Valence. Tél : 04 75 56 03 09

27 - Eure
La Pause (Evreux). Tél : 02 32 33 52 76
AVEDE Evreux. Tél : 02 32 23 16 51
Aide et secours d'urgence (La Haye-Malherbe).
Tél : 02 32 50 60 22
AURORE (Evreux). Tél : 02 32 62 55 59
UDAF Evreux. Tél : 02 32 29 67 00
Armée du Salut (Radepont). Tél : 02 32 49 03 82

28 - Eure-et-Loir
AVIEL (Chartres). Tél : 02 37 36 50 36

29 - Finistère
CIDF Brest. Tél : 02 98 44 97 47
Mail : CIDF29@wanadoo.fr
L'Escale (Brest). Tél : 02 98 90 54 51
Les Ajoncs (Brest). Tél : 02 98 49 32 11
Rien sans elles (Brest). Tél : 02 98 46 60 53
Mail : rien-sans-elles@wanadoo.fr
L'Abri Côtier (Concarneau). Tél : 02 98 97 05 22
Sérénité Femmes (Quimper). Tél : 02 98 64 22 75

30 - Gard
CEDIFF Nîmes. Tél : 04 66 38 10 70
Mail : cediff.gard@9business.fr
Femmes Solidaires (Nîmes). Tél : 04 66 27 22 02
Mail : rachida.ziouche@wanadoo.fr
Femmes Accueil Solidarité (Alès).
Tél : 04 66 56 61 20. Mail : agfas@wanadoo.fr
Association La Clède (Alès). Tél : 04 66 86 52 67
Mail : laclede@laclede.org
CIDF Auch. Tél : 05 62 63 40 75
CHRS le Priou (Barran). Tél : 05 62 64 64 08

31 - Haute-Garonne
Apiaf (Toulouse). Tél : 05 62 73 72 62
Mail : APIAF@wanadoo.fr
SAVIF (Toulouse). Tél : 05 61 25 16 13
Mail : SAVIF@free.fr
Association Vivre Autrement ses Conflits (Toulouse). Tél : 05 61 21 05 28
GRISELDIS (Toulouse). Tél : 06 72 82 38 53
INTERMED (Toulouse). Tél : 05 61 61 51 00
Mail : intermed@voila.fr

32 – Gers
CIDF Auch. Tél : 05 62 63 40 75
CHRS le Priou (Barran). Tél : 05 62 64 64 08

33 - Gironde
Apafed (Cenon). Tél : 05 56 40 93 66

34 - Hérault
Foyer Bouissonnale (Montpellier). Tél : 04 67 58 07 03
Mail : adiav2000@libertysurf.fr
ADIAV (Montpellier). Tél : 04 67 60 61 78

CIDF Montpellier. Tél : 04 67 72 00 24
Mail : cidf.34@wanadoo.fr

35 - Ille-et-Vilaine
ASFAD Rennes. Tél : 02 99 59 60 01
Plate-forme départementale. Tél : 02 99 54 44 48

36 - Indre
Les Écureuils (Châteauroux). Tél : 02 54 34 58 46
SOS Écoute (Châteauroux). Tél : 02 54 35 00 36
Réseau Santé Précarité de l'Indre rejetant l'Exclusion (Châteauroux). Tél : 02 54 29 62 48
Plus jamais ça (Châteauroux). Tél : 06 32 59 12 23
Mail : mfpf.41@wanadoo.fr
CIDF Châteauroux. Tél : 02 54 34 48 71
Mail : mfpf.41@wanadoo.fr

37 - Indre-et-Loire
Foyer Anne-de-Beaujeu (Amboise). Tél : 02 47 23 49 00
CIDF Tours. Tél : 02 47 27 54 00
Mail : cidf37@wanadoo.fr
UDAF (Tours). Tél : 02 47 77 55 59
CHRS Albert-Camus (Tours). Tél : 02 47 88 04 98

La Nuitée (Tours). Tél : 02 47 64 94 04
UDAF Tours. Tél : 02 47 77 55 59
MFPF Tours. Tél : 02 47 20 97 43
Mail : mfpf37@wanadoo.fr
CAVAS (Tours). Tél : 02 47 47 80 42
ou 02 47 47 92 90
IML (Chambray-lès-Tours). Tél : 02 47 47 75 75
ADAVIP (Tours). Tél : 02 47 66 87 33

38 - Isère
Solidarité Femmes (Grenoble).
Tél : 04 76 40 50 10
CHRS Henri-Tarze (Grenoble).
Tél : 04 76 87 49 30
MILENA (Grenoble). Tél : 04 76 29 10 21

39 - Jura
CIDF Lons-le-Saunier. Tél : 03 84 43 10 95
Mail : cidff@aricia.fr

40 - Landes
CHRS Lisa-Tremplin (Mont-de-Marsan).
Tél : 05 58 05 92 14
CIDF Mont-de-Marsan. Tél : 05 58 46 41 43

41 - Loir-et-Cher
CIDF Blois. Tél : 02 54 42 17 39
Mail : cidf41@wanadoo.fr
L'Astrolabe (Blois). Tél : 02 54 42 91 71
AVEC-SAUV (Blois). Tél : 02 54 56 08 48
Mail : avec41@wanadoo.fr
Mouvement français pour le planning familial (Blois). Tél : 02 54 74 33 41
Mail : mfpf.41@wanadoo.fr

42 - Loire
Solidarité Femmes (Saint-Étienne).
Tél : 04 77 25 89 10
SERVICE D'AIDE AUX VICTIMES (Saint-Étienne). Tél : 04 77 12 05 23
ASAS Saint-Étienne. Tél : 04 77 49 21 30
AMAVIE-FOREZ (Saint-Just-Saint-Rambert).
Tél : 04 77 55 45 12
VERS L'AVENIR (Riorges). Tél : 04 77 71 61 49
Association communautaire d'actions et de recherches sociales (Saint-Étienne).
Tél : 04 77 91 53 31

43 - Haute-Loire

Trait d'Union (Brioude). Tél : 04 71 74 94 29
Mail : a.l.i.s.traitdunion@wanadoo.fr
CIDF 43 (Le Puy-en-Velay). Tél : 04 71 09 49 49
Mail : droits.des.femmes@wanadoo.fr
CHRS Mambré (Le Puy-en-Velay).
Tél : 04 71 09 57 33
Le Tremplin (Le Puy-en-Velay). Tél : 04 71 09 27
Mail : tremplin43@wanadoo.fr
Justice et partage (Le Puy-en-Velay). Tél : 04 71 02 51 48
Mail : justice.partage@worldonline.fr
MFPF (Le Puy-en-Velay). Tél : 04 71 02 25 94
MFPF (Brioude). Tél : 04 71 74 93 57
MFPF (Monsistrol). Tél : 04 71 66 07 43

44 - Loire-Atlantique

Espace Simone-de-Beauvoir (Nantes).
Tél : 02 40 12 15 18
SOS Femmes (Nantes). Tél : 02 40 12 12 40
SOS Femmes et enfants maltraités (Châteaubriant). Tél : 02 40 28 07 11
SOS Inceste pour revivre (Nantes).
Tél : 02 40 89 30 80

D'une rive à l'autre (Nantes). Tél : 02 51 82 36 85
Centre régional d'accueil des victimes d'abus sexuels (Nantes). Tél : 02 40 08 30 32
Mouvement français pour le planning familial (Saint-Nazaire). Tél : 02 40 66 45 91
CIFF CIDF Nantes. Tél : 02 40 48 13 83
CEDIFF CIDF Saint-Nazaire. Tél : 02 40 66 53 08
Mouvement français pour le planning familial (Nantes). Tél : 02 40 20 41 51
Centre de planification et d'éducation familiale (Nantes). Tél : 02 40 08 49 89
Centre de planification et d'éducation familiale (Saint-Nazaire). Tél : 02 40 90 62 95
Centre de planification et d'éducation familiale (Châteaubriant). Tél : 02 40 55 88 11
Centre de planification et d'éducation familiale (Ancenis). Tél : 02 40 83 27 78
L'Étape (Nantes). Tél : 02 51 83 04 00
Foyer Arc-en-Ciel (Nantes). Tél : 02 40 73 67 15
L'Archipel (Nantes). Tél : 02 40 20 62 62
Accueil mère-enfants (Saint-Sébastien). Tél : 02 40 80 26 08
ANEF Nantes. Tél : 02 40 74 12 43
Halte Canclaux (Nantes). Tél : 02 40 69 22 43

Centre maternel Saint-Luc (Nantes).
Tél : 02 40 73 70 67
Les résidences soleil de la région nantaise (Saint-Herblain). Tél : 02 40 63 51 50
La Résidence (Saint-Nazaire). Tél : 02 40 53 37 63

45 - Loiret
CARFED (Chalette-sur-Loing). Tél : 02 38 98 27 24
Résidence Bourgogne (Orléans).
Tél : 02 38 65 44 44
Service d'accompagement social (Orléans).
Tél : 02 38 65 44 45
Mouvement français pour le planning familial (Orléans). Tél : 02 38 63 34 36
Mail : mfpf.ad45@wanadoo.fr
SOS Ecoute Famille (Orléans). Tél : 02 38 62 03 80
CIDF – Service écoute (Montargis).
Tél : 02 38 98 53 76
Mail : cidf45mo@clubinternet.fr

46 - Lot
CIDF Cahors. Tél : 05 65 36 07 34
CHRS Foyer Lamouroux (Cahors).
Tél : 05 65 53 22 00

47 - Lot-et-Garonne
Foyer La Roseraie (Agen). Tél : 05 53 47 03 61
Mail : la-roseraie@wanadoo.fr
CIDF Mulhouse. Tél : 05 53 47 47 25
Mail : cidf-47@wanadoo.fr
CHRS Clair Foyer (Agen). Tél : 05 53 66 21 53
Mail : clair.foyer@wanadoo.fr
Maison des Femmes (Villeneuve-sur-Lot).
Tél : 05 53 40 03 62 – 0800 88 03 45
Mail : maisondesfemmes47@free.fr

49 - Maine-et-Loire
Foyer Béthanie (Angers). Tél : 02 41 48 21 40
Foyer Pelletier (Cholet). Tél : 02 41 71 96 62
Cité la Gautrêche (La Jubaudière).
Tél : 02 41 63 10 31
Communauté Emmaüs (Saint-Jean-de-Linières).
Tél : 02 41 39 73 39
SOS Femmes (Angers). Tél : 02 41 87 97 22

50 - Manche
CHRS Louise-Michel (Cherbourg).
Tél : 02 33 88 55 77

Sortir du silence (Cherbourg).Tél : 02 33 93 92 72
Interfas (Saint-Lô). Tél : 02 33 05 36 04
Mail : interfas50@yahoo.fr
CEDIFF-CIDF Cherbourg. Tél : 02 33 94 77 05
Mail : cediffass@wanadoo.fr
CEDIFF-CIDF Saint-Lô. Tél : 02 33 94 77 05
Mail : cediffass@wanadoo.fr

51 - Marne
Les Primevères (Reims). Tél : 03 26 79 14 00
Jamais seul (Reims). Tél : 03 26 06 48 09
UDAF Châlons-en-Champagne.
Tél : 03 26 69 47 50
Foyer Le Renouveau (Reims). Tél : 03 26 06 03 03
CIDF Reims. Tél : 03 26 65 05 00

52- Haute-Marne
SOS femmes Accueil (Saint-Dizier).
Tél : 03 25 06 50 70
Mail : sosfemmes@post.club-internet.fr

53 - Mayenne
Foyer CHRS Revivre (Laval). Tél : 02 43 53 15 23
Association Copainville (Le Mans).

Tél : 02 43 30 25 00
Mail : copainville-mayenne@wanadoo.fr

54 - Meurthe-et-Moselle
CEDIFF-CIDF Nancy. Tél : 03 83 35 35 87
Mail : cdiff54@club-internet.fr
CIDF-CEDIFF Lunéville. Tél : 03 83 74 21 07
Mail : cidf.lunéville@wanadoo.fr
CHRS Gîte familial (Nancy). Tél : 03 83 15 10 52
Mail : le.gite.familial@wanadoo.fr
ALISES (Longwy). Tél : 03 82 39 53 10
ALISES – CHRS (Briey). Tél : 03 82 22 91 96
ALISES (Briey). Tél : 03 82 46 50 60
CIDF Longwy. Tél : 03 82 23 29 88
Mail : cediffbaie.longwy54@wanadoo.fr
ARS Camille-Mathis (Nancy). Tél : 03 83 19 21 31
ARS Nancy. Tél : 03 83 19 21 31
Foyer Clair Logis (Nancy). Tél : 03 83 96 69 20

55 - Meuse
CIDF Meuse. Tél : 03 29 86 70 41
CEDIFF Verdun. Tél : 03 29 86 70 41
Mail : cediff55@wanadoo.fr
CHRS Clermont-en-Argonne.

Tél : 03 29 88 46 55
AMIE Verdun. Tél : 03 29 86 56 23
AMIE Stenay. Tél : 03 29 80 28 45
AMIE Commercy. Tél : 03 29 92 05 39
Centre maternel Les Islettes (Clermont-en-Argonne).
Tél : 03 29 88 28 10

56 - Morbihan
SOS Accueil (Lorient). Tél : 02 97 64 05 05
Kerranne (Vannes). Tél : 02 97 63 48 22
CIDF Vannes. Tél : 02 97 46 09 67

57 - Moselle
Foyer Eben Ezer (Montois-la-Montagne).
Tél : 03 87 58 50 68
Thémis Solidarité Femmes (Metz).
Tél : 03 87 75 29 30
EPE Metz. Tél : 03 87 69 04 87
Association d'information et d'entraide mosellane (Gîte-Sainte-Croix-Metz). Tél : 03 87 76 07 55 - 03 87 75 88 80
CIDF Metz. Tél : 03 87 76 03 48
CIDF Sarreguemines. Tél : 03 87 98 93 00

Foyer Espoir (Forbach). Tél : 03 87 77 39

58 - Nièvre
Nièvre Regain (Nevers). Tél : 03 86 59 95 55

59 - Nord
Solidarité aux femmes d'ici et d'ailleurs (Lille).
Tél : 03 20 34 06 10
CIDF Roubaix. Tél : 03 20 70 22 18
SEDIRE (Dunkerque). Tél : 03 28 58 19 73
Relais Soleil Tourquennois (Tourcoing).
Tél : 03 20 36 99 50
CHRS Thérèse-Caulier (Dunkerque).
Tél : 03 28 66 00 40
Association Louise-Michel (Dunkerque).
Tél : 03 28 59 29 30
Centre maternel les Moussaillons (Dunkerque).
Tél : 03 28 63 02 45
Service Habiter Ensemble (Lille).
Tél : 03 20 30 09 37
Foyer Catry (Lille-Fives). Tél : 03 20 47 96 07
Relais-Travail Martine-Bernard (Loos).
Tél : 03 20 50 12 89
Maison familiale (Tourcoing). Tél : 03 20 25 31 06

Ajar Services Justice (Valenciennes).
Tél : 03 27 29 93 92

60 - Oise
Aide aux victimes de toutes violences (Compiègne).
Tél : 03 44 86 56 14
CIDF 60 Creil. Tél : 02 44 24 28 41
CIDF 60 Beauvais. Tél : 03 44 15 74 12 - 03 44 05 01 54
CIDF 60 Amiens. Tél : 03 44 36 52 70
ABEJ Le Chemin (Beauvais). Tél : 03 44 48 84 00
CHRS Esther-Carpentier (Compiègne).
Tél : 03 44 36 31 31
Les compagnons du Marais (Creil).
Tél : 03 44 61 16 80

61 - Orne
Association ornaise contre le viol et l'inceste (La Ferté-Macé). Tél : 02 33 65 70 70
CIDF Flers. Tél : 02 33 64 38 92

62 - Pas-de-Calais
ALFA (Libercourt). Tél : 03 21 40 34 34

CIDF Béthune. Tél : 03 21 57 98 57
Le coin Familial (Arras). Tél : 03 21 07 11 72
FIAC (Berck-Sur-Mer). Tél : 03 21 09 61 11

63 - Puy-de-Dôme
SOS Femmes battues (Clermont-Ferrand).
Tél : 04 73 90 03 03

64 - Pyrénées-Atlantiques
CHRS Bon pasteur-Massabielle (Pau).
Tél : 05 59 30 64 33
Foyer Les Mouettes (Bayonne).
Tél : 05.59.46.16.50.
Association Du côté des femmes (Pau).
Tél : 05.59.06.87.70.
Mail : ducotedesfemmes@wanadoo.fr

65 – Hautes-Pyrénées
Accueil d'urgence (Tarbes). Tél : 05 62 34 71 01
Foyer la Source (Tarbes). Tél : 05 62 36 07 71

66 - Pyrénées-Orientales
Espoir Avenir (Perpignan). Tél : 04 68 66 82 81
L'Arche (Perpignan) Tél : 04 68 66 09 03

CIDF Perpignan. Tél : 04 68 35 88 66
Mail : cedeff66@wanadoo.fr

67 - Bas-Rhin
CIDF Strasbourg. Tél : 03 88 32 03 22
SOS femmes solidarité (Strasbourg).
Tél : 03 88 24 06 06
CIDF Haguenau. Tél : 03 88 73 44 99

68 - Haut-Rhin
Soutien aux femmes battues - Solidarité femmes (Saint-Louis). Tél : 03 89 70 02 21
CEDIF CIDF Mulhouse. Tél : 03 89 60 45 43
Espoir Femmes Familles (Mulhouse).
Tél : 03 89 52 32 35
CEDIF CIDF (Colmar). Tél : 03 89 23 79 95
Association générale des familles (Mulhouse).
Tél : 03 89 45 47 62
Association syndicale des familles monoparentales (Colmar). Tél : 03 89 41 58 47
MFPF Mulhouse. Tél : 03 89 42 42 12
Le Nid (Mulhouse). Tél : 03 89 56 63 25

69 - Rhône
FIL (Saint-Fons). Tél : 04 72 89 07 07
VIFF SOS Femmes (Villeurbanne).
Tél : 04 78 03 93 37
Femmes contre les Intégrismes (Lyon).
Tél : 04 72 38 75 99
Orée (Lyon). Tél : 04 78 92 88 11
Le Cap (Lyon). Tél : 04 78 42 24 67

70 - Haute-Saône
CIDF Vesoul. Tél : 03 84 78 64 00
Mail : cidf70@cidf-belin.net

71 - Saône-et-Loire
Résidence de l'Écluse (Châlons-sur-Saône).
Tél : 03 85 41 42 4
Foyer AFEDI (Le Creusot). Tél : 03 85 73 01 90

72 - Sarthe
Foyer Saint-Victor (Le Mans). Tél : 02 43 24 20 41
MAEVA (Le Mans). Tél : 02 43 24 26 15
Appui 72 (Le Mans). Tél : 02 43 14 15 44

73 - Savoie
SOS Femmes Violences (Chambéry).
Tél : 04 79 33 95 85

74 - Haute-Savoie
La Margelle (Thonon-les-Bains).
Tél : 04 50 70 00 08
CIDF Annecy. Tél : 04 50 09 52 40
Foyer du Léman (Douvaine). Tél : 04 50 94 00 03
Espace Femmes Geneviève-D. (Gaillard).
Tél : 04 50 39 72 56

75- Paris
ANRS – Service Insertion Jeunes.
Tél : 01 48 24 04 14
Antenne socio-éducative AURORE.
Tél : 01 45 54 34 03
Accueil La Fayette. Tél : 01 40 35 81 60
Association Maavar Tél : 01 43 48 63 57
ARFOG. Tél : 01 44 75 76 10
Hôtel social Caspotel-Pouchet. Tél : 01 40 25 34 00
Centre Baudricourt ARFOG. Tél : 01 45 85 12 24
Espace Solidarité. Tél : 01 43 48 18 66
Foyer Louise-Labé. Tél : 01 43 48 20 40

76- Seine-Maritime
Association d'aide aux victimes (Rouen).
Tél : 02 35 70 10 20
CIDF - Vigie Violences (Rouen).
Tél : 02 35 63 62 74
Association Marie-Foucher (Cléon).
Tél : 02 35 77 17 61
Centre d'accueil d'urgence courte durée (Dieppedale-Croisset). Tél : 02 35 36 23 34
CARFED (Le Havre). Tél : 03 35 24 82 48
Service d'aide à l'autonomie sociale (Rouen).
Tél : 02 35 71 52 37
Association d'aides aux victimes (Le Havre).
Tél : 02 35 21 76 76
Dieppe Informations Services. Tél : 02 35 82 01 19
AARSAID (Sotteville-lès-Rouen).
Tél : 02 35 03 03 28
Carrefour des solidarités (Rouen).
Tél : 02 35 89 52 44
Comité d'action et de promotion sociale (Petit-Quevilly). Tél : 02 35 63 19 27 - 02 35 03 85 09
La Chaloupe (Rouen). Tél : 02 35 71 90 69
L'Escale (Rouen). Tél : 02 35 10 02 66

Association EPHETA (Rouen).
Tél : 02 35 62 34 25
Foyer des Cèdres (Rouen). Tél : 02 35 52 77 19
Œuvre hospitalière de nuit (Rouen).
Tél : 02 35 52 77 06
Œuvre normande des mères (Canteleu).
Tél : 02 35 36 20 11
CHRS Rouen. Tél : 02 35 89 38 45
Foyer La Passerelle (Neuville-lès-Dieppe).
Tél : 02 35 84 65 62
Association Femmes et Familles en difficulté (Le Havre). Tél : 02 35 24 82 48
FAMU (Le Havre). Tél : 02 35 25 26 08
SAUF (Le Havre). Tél : 02 35 13 01 73

77 - Seine-et-Marne
La Maison du Pain (Chelles). Tél : 01 64 72 42 80
Emmaüs Brie (La Grande Paroisse).
Tél : 01 64 70 57 90
SOS Femmes Information (Meaux).
Tél : 01 60 09 27 99
Le Relais (Lieusaint). Tél : 01 64 13 53 90

78 - Yvelines
Foyer départemental Sul (Le Mesnil-Saint-Denis).
Tél : 01 30 13 17 30
La Maison verte (Saint-Germain-en-Laye).
Tél : 01 39 73 29 39
Hôtel social du parc. Tél : 01 39 74 85 81
SAU Stuart-Mill (Versailles). Tél : 01 30 21 95 36
Hôtel social Saint-Yves (Versailles).
Tél : 01 39 02 18 37
CIDF Poissy. Tél : 01 30 74 21 01

79 - Deux-Sèvres
CIDF Niort, Melle, Parthenay, Thouars, Bressuire.
Tél : 05 49 06 95 95. Mail : cidf79@wanadoo.fr
Mouvement Français pour le Planning Familial – AD 79 (Niort). Tél : 05 49 16 95 08
AVIC 79 Niort. Tél : 05 49 26 04 04
Bressuire. Tél : 05 49 81 34 20
Accueil Urgence Femmes (Niort).
Tél : 05 49 77 24 24
CHRS La Colline (Niort). Tél : 05 49 24 15 51
CHRS Bressuire. Tél : 05 49 81 75 75

80 - Somme
SOS Violences en privé (Amiens).
Tél : 03 22 44 28 39
CASAA (Abbeville). Tél : 02 22 20 69 00
Centre d'hébergement AGENA (Amiens).
Tél : 03 22 33 39 39
Maison d'accueil l'Ilot (Amiens).
Tél : 03 22 95 64 88

81 - Tarn
Foyer Notre-Dame (Mazamet).
Tél : 05 63 61 02 65
Association Femmes (Aussillon).
Tél : 05 63 98 90 68
CIDF Albi. Tél : 05 63 47 01 34
CIDF Castres. Tél : 05 63 72 15 00
CIDF Graulhet. Tél : 05 63 34 60 22
Solidarité accueil en pays castrais (Castres).
Tél : 05 63 72 99 39
Foyer Sainte-Marie (Mazamet).
Tél : 05 63 61 10 36
Maison des femmes (Albi). Tél : 05 63 49 48 00
Service d'aide aux victimes d'infractions pénales
(Castres). Tél : 05 63 71 24 75

Association Judiciaire du Tarn (Albi).
Tél : 05 63 47 99 18

82 -Tarn-et-Garonne
MFPF Montauban. Tél : 05 62 63 40 75
Espace et vie (Moissac). Tél : 05 63 04 99 05

83 - Var
AAVIV Toulon. Tél : 04 94 36 64 20
UFCS Toulon. Tél : 04 94 89 15 48
Femmes d'Aujourd'hui (Toulon).
Tél : 04 94 92 11 76
MFPF Draguignan. Tél : 04 94 67 04 57
AVAF Etoile (Draguignan). Tél : 04 94 50 88 73

84 - Vaucluse
L'Embellie (Avignon). Tél : 04 90 85 08 17
CS la Reine Jeanne (Avignon). Tél : 04 90 89 17 19
AHARP (Avignon). Tél : 04 90 80 47 81

85 - Vendée
Accueil d'urgence femmes en difficulté
(La Roche-sur-Yon). Tél : 02 51 47 77 59

86 - Vienne
AFCCC Point Rencontre (Poitiers).
Tél : 05 49 01 10 54
Secours Catholique (Poitiers). Tél : 05 49 41 62 35
CCAS Poitiers. Tél : 05 49 52 38 00
CCAS Gensay. Tél : 05 49 59 31 36
CCAS Châtellerault. Tél : 05 49 02 56 80
Association Pierres et couleurs (Civray).
Tél : 05 49 87 88 37
CHRS l'Étape (Poitiers). Tél : 05 49 41 40 21
SISA (Châtellerault). Tél : 05 49 02 17 00
Relais Cécile et Marie-Anne (Poitiers).
Tél : 05 49 88 44 20
CIDF Poitiers. Tél : 05 49 88 04 41
CIDF Châtellerault. Tél : 05 49 93 57 67
Centre médico-psychologique Espace Vienne (Poitiers). Tél : 05 49 45 13 48
Hôpital Jean-Bernard (Poitiers).
Tél : 05 49 44 41 66
Planning Familial (Poitiers). Tél : 05 49 47 76 49

87 - Haute-Vienne
Mots pour Maux (Limoges). Tél : 05 55 79 01 02
Mail : cediff.gard@9business.fr

MARIANES (Limoges). Tél : 05 55 77 30 97
CHRS Augustins Gartempe (Limoges).
Tél : 05 55 10 32 95
Mail : arsl.chrsaugust-gart@wanadoo.fr
Ni Putes, ni soumises 87 (Limoges).
Tél : 05 55 35 15 65. Mail : npns87@wanadoo.fr

89 - Yonne
Femmes Solidaires (Sens). Tél : 06 08 14 65 42
Mail : a.l.i.s.traitdunion@wanadoo.fr
ADAVIRS (Sens). Tél : 03 86 95 35 98
Médiation familiale (Auxerre). Tél : 03 86 42 00 46
ADAVIRS (Auxerre). Tél : 03 86 51 66 14

90 – Territoire-de-Belfort
Solidarité Femmes (Belfort). Tél : 03 84 28 99 09
Mail : solidarite-femmes@wanadoo.fr
Parenthèses à la violence (Belfort).
Tél : 03 84 54 06 03
CIDF (Belfort). Tél : 03 84 28 00 24
Mail : cidf-belfort@wanadoo.fr

91 - Essonne
Aide accueil des femmes en difficulté (Evry).

Tél : 01 69 36 36 92
Mail : solidarite-femmes91@wanadoo.fr
Paroles de Femmes (Massy). Tél : 01 60 11 97 97
Mail : parolesdefemmes@wanadoo.fr

92 - Hauts-de-Seine
Collectif de solidarité aux mères des enfants enlevés (Meudon). Tél : 01 45 34 49 10
L'Escale (Gennevilliers). Tél : 01 47 33 09 53
Mail : skle@wanadoo.fr
CIDF Nanterre. Tél : 01 40 97 22 92
Inser'Toit (Montrouge). Tél : 01 46 55 08 53
Centre Flora-Tristan (Châtillon).
Tél : 01 47 36 96 48

93 - Seine-Saint-Denis
Amicale du Nid (Épinay-sur-Seine).
Tél : 01 48 26 88 44
SOS Femmes Bondy. Tél : 01 55 89 00 95 - 01 48 48 62 27
Centre Mères Enfants (Bondy).
Tél : 01 48 47 44 21

94 - Val-de-Marne
Centre maternel Clair logis (Bry-sur-Marne).
Tél : 01 48 81 01 82
Résidence Les Côteaux (Cachan).
Tél : 01 46 64 33 77
Clair Logis (Champigny-sur-Marne).
Tél : 01 48 80 75 79
La Traversière (Créteil). Tél : 01 49 80 42 13
CIDF Créteil. Tél : 01 49 56 60 94
Le Tremplin (Maisons-Alfort). Tél : 01 49 77 52 12
Centre d'accueil pour mères et enfants (Cachan).
Tél : 01 47 70 94 94
Foyer Marie-Michel (Villiers-sur-Marne).
Tél : 01 49 41 56 47

95 - Val-d'Oise
L'Airial (Argenteuil). Tél : 01 39 61 12 12
Apui (Cergy). Tél : 01 30 30 55 90
Centre accueil femmes (Sarcelles).
Tél : 01 30 73 51 52
Mail : cfemmes@ducotedesfemmes.asso.fr
CIDF Sarcelles. Tél : 01 34 41 42 93
Mail : cidf95@wanadoo.fr
Du côté des femmes (Cergy). Tél : 01 30 73 51 52

Mail : maisondesfemmes@ducotedesfemmes.
asso.fr

DÉPARTEMENTS D'OUTRE-MER

Guadeloupe

Initiative ECO (Basse-Terre). Tél : 05 90 81 83 02
Mail : i.iniativel@aol.fr
CIDF. Tél : 05 90 82 52 92
Mail : cidf.gpe@wanadoo.fr
Cap'Avenir (Gosier). Tél : 05 90 91 34 18
FORCES (Pap). Tél : 05 90 48 10 46
Mail : forces3@wanadoo.fr
ESPOIR (Abymes). Tél : 05 90 89 02 62

Guyane

CIDF Cayenne. Tél : 05 94 40 39 33
Association d'aide aux victimes (Cayenne).
Tél : 05 94 30 17 73
SAVIP (Saint-Laurent-du-Maroni).
Tél : 05 94 34 04 04

Martinique

Forces actives (Fort-de-France).
Tél : 05 96 63 23 36

Union des femmes de la Martinique
(Fort-de-France). Tél : 05 96 71 26 26
ARAMES (Fort-de-France). Tél : 05 96 63 18 23
Mail : arames2@wanadoo.fr

La Réunion
Résidence Rose des Bois (Saint-Denis).
Tél : 02 62 30 51 30
Mail : rosedesbois@wanadoo.fr
Accueil de la mère à La Réunion (Saint-Denis).
Tél : 02 62 30 59 63. Mail : amare3@wanadoo.fr
Association des maisons de la famille de
La Réunion (Saint-Pierre). Tél : 02 62 30 65 95
Mail : amafar@wanadoo.fr
Association réunionnaise d'éducation populaire
(Saint-Pierre). Tél : 02 62 25 03 85
Mail : arep.siege-social@wanadoo.fr
Les Jonquilles (Saint-Denis). Tél : 02 62 94 39 71
SOS Détresse (Saint-Pierre). Tél : 02 62 25 36 94
Centre communal d'action sociale (Saint-Denis).
Tél : 02 62 35 18 63

TABLE DES MATIÈRES

REMERCIEMENTS

J'aimerais remercier l'une de mes amies, Patricia, qui m'a permis d'entrer en relation avec Alain, à qui je me suis confiée, et qui m'a aidée à mettre en forme mon histoire.

Merci à Alain pour ces lignes et pour le temps passé à les écrire.

Un dernier mot pour toutes celles et ceux qui m'ont aidée et soutenue tout au long de ces années. Qu'ils sachent que je les aime et qu'ils resteront à jamais dans mon cœur.

Achevé d'imprimer
Impression : S.N. Firmin-Didot au Mesnil-sur-l'Estrée
Dépôt légal : février 2008. n° 96644. n° d'impression : 88460
Imprimé en France